S. Baumer

Stille Wege im Schilfmeer

Wanderungen in der Camargue

**Mit 6 Farbtafeln
und 3 Landkarten**

*L*avender-Verlag

© 1997 Lavender-Verlag GmbH Rüsselsheim
alle Rechte vorbehalten
Printed in Germany

Erste Auflage 1997
ISBN 3-931685-37-3

Gesamtherstelung: Wilhelm & Adam, Heusenstamm

Ein Buch der
hellblauen Reihe

für Wanderer, Radler und
auch Autofahrer

für die Erkundung von
Landschaften

für den Blick hinter
die Fassaden

Farbfoto auf der Einband-Vorderseite:
Wahrzeichen der Camargue:
Das Kreuz der Guardians in den Sümpfen
bei Stes. Maries-de-la-Mer

Farbfoto auf der Einband-Rückseite:
Die weissen Pferde der Camargue

Sarah Kali,
ich benutze Deinen vollen Namen wie ihn die Guardians gebrauchen und sehe Dich stets vor Augen im Kerzenschimmer der riesigen Kirche von Stes. Maries-de-la-Mer. Liebe Sarah, schütze Dein Land, schütze es weiterhin für diejenigen, die ruhig und bescheiden zu Dir kommen wie seit zweitausend Jahren und sehe gnädig hinweg über jene, die unwissend Schilf, Wasser und Luft missachten und sogar vor Dir ihren Lärm veranstalten. Schütze auch zukünftig Dein Land,
ich bitte Dich.

Natürlich ist die Camargue bekannt, wer hätte nicht schon ihren Namen gehört? Jedermann verbindet damit unendlich viel Schilf, weisse Pferde, schwarze Stiere und viele, viele Vogelarten. Ist das alles? Nein, in dieser Landschaft steckt noch mehr. Allerdings muss man es eigens besuchen, man muss vorher wissen, worauf zu achten ist. Hintergründiges soll deshalb in diesem Buch aufgedeckt werden und das in Zeit und Raum so spannende Leben einer solchen einmaligen Landschaft soll sich öffnen. Wir Deutschen haben viele Bezüge zur Camargue: Die Seidenweber von Krefeld, der „französische" Dom zu Berlin, ein Bischof aus Mainz - sie alle führen uns zur Camargue in längst vergangene Zeiten. Aber die Weissagungen eines Nostradamus, dessen Haus der Interessierte in diesem Lande besuchen kann, leben noch heute fort. Wir besuchen in diesem Buch auch die Steinwüste der Crau unmittelbar neben den Schilfsümpfen und finden eine Landschaft, die ebenso wie ihre Nachbarin einmalig ist in Europa. Alllerdings: Nur wer sich stille bewegt in einer so kostbaren Gegend, dem öffnen sich die vielen Geheimnisse des Landes.

Inhalt

Ein Land aus Wasser und Schilf 9
   Blick über Camargue und Crau 26

Les Stes.Maries-de-la-Mer 29

Aigues-Mortes, eine Kreuzfahrerstadt 34

Die Klosterwand von St. Gilles 42
   Pilgerwege nach Santiago-de-Compostela .. 53

Die Steinwüste der Crau 57

Arles, das historische Zentrum 71
   Arles während der Antike:
   Die zweite Stadt in Europa nach Rom 75

La Grande-Motte, die „Sommerstadt" 89

Zum Schluss: Ein grosser Wein 93

Ein Land aus Wasser und Schilf

Die Camargue, eine der berühmtesten Landschaften am ganzen Mittelmeer, wird zum größten Teil vom Rhônedelta gebildet, das sich von Arles, wo sich der Fluß in die große und kleine Rhône teilt, nach Süden bis zum Meer erstreckt. Gleich am Südrand der Stadt beginnt diese eigenartige Landschaft, die nur aus Wasser und Schilf zu bestehen scheint. In der völlig flachen Gegend erblickt man nur selten eine einzelne Schirmpinie, die wie ein Ausrufungszeichen aus der Eintönigkeit herausragt. „Kein Baum, kein Schatten, keine Seele" wird manchmal dieses schier endlose Schilfmeer beschrieben. Bei näherem Hinsehen stellt sich dann rasch heraus, daß dieser erste Eindruck von Öde, Leblosigkeit und Langeweile trügt. Er trügt sogar recht stark, denn dies Land ist abwechslungsreich und interessant. Es steckt voller Leben – einem recht geheimnisvollen allerdings. Diese Camargue ist eine Welt an der Grenze zwischen Realem und Imaginärem.

Die Rhône schafft das Land, sie formt es ständig aufs neue. Was sie von den Alpen an Sand und Kies mitbringt ist ungeheuer viel, sie ist ja auf ihrem ganzen Lauf milchig trüb und mit dem Abrieb der Alpen beladen. Die Camargue wächst mit dem Alpensand allerdings nicht hemmungslos ins Meer hinaus. Meeresströmungen wirken auch von außen auf die flache Küste ein, so daß bei Sturmfluten das Meer große Landflächen verschluckt und den Küstensaum ständig verändert. Mancher Leuchtturm, manches Dorf, ja sogar eine Stadt sind durch diese Küstenänderungen schon vom Wasser verschlungen oder durch vorgebauten Sand vom Meer abgedrängt worden. Im Jahre 1840 wurde ein Leuchtturm sicherheitshalber siebenhundert Meter weit im Binnenland errichtet. Aber im Jahre 1920 holte ihn das Meer und dort wo er einst stand, dehnt sich jetzt eine weite Wasserfläche. Andererseits blieb ein Leuchtturm unmittelbar an der Rhônemündung über Jahrhunderte hinweg völlig unbehelligt bis ums Jahr 1910 plötzlich Sandanschwemmungen an seinem Fuß auftraten, die sich in den Folgejahren regelmäßig vermehrten. Heute steht die Ruine dieses Turms fünf Kilometer vom Badestrand entfernt sinnlos mitten im Land.

Wir sind übrigens gerade Zeugen eines derartigen Vorgangs. Er ist sogar besonders spektakulär, denn es handelt sich dabei um die klobige, für die Ewigkeit gebaute Wallfahrtskirche von Saintes-Maries-de-la-Mer. Das Dorf mit seiner burgähnlichen markanten Kirche liegt jetzt unmittelbar am Meer, am südlichsten Punkt der Camargue. Das war nicht immer so. Bei der Gründung im frühen Mittelalter lag das Meeresufer noch sechs Kilometer entfernt. Zur Zeit der Päpste in Avignon, im vierzehnten Jahrhundert also, waren es nur noch vier Kilometer. Die damals angesetzten Bittgottesdienste, Wallfahrten und Beschwörungen bremsten den Landverlust natürlich nicht und fünfhundert Jahre weiter, im Jahre 1814, meldeten die Landvermesser nur noch sechshundert Meter. Daß sich an dieser Stelle das Meer nicht aufhalten läßt, sieht jetzt jeder Camargue-Besucher. Die Kirche hat nur noch fünfzig Meter vor sich bis zum Wasser. Wenn das so weitergeht, dürften unsere Enkel im nächsten Jahrhundert den gigantischen Kirchenklotz im Meer versinken sehen.

Kaum irgendwo sonst in Europa, dem höchst technisierten, hat der Mensch so wenig wirksamen Widerstand der Natur entgegensetzen können wie hier. Die Camargue ist allerdings auch in ihren Naturgewalten einzigartig. Weder am italienischen Po noch am ägyptischen Nil hat sich, obwohl es auch dort nicht an Lagunen mangelt, eine ähnliche Situation eingestellt.

Wie gesagt, Rhône und Meer bauen ständig an diesem Land. Die vom Fluß angeschwemmten und abgesetzten Mengen Sand und Kies sind von Fachleuten ermittelt worden, es sind unvorstellbare Zahlen. Zwanzig Millionen Kubikmeter jährlich werden genannt. Hier werden in Jahrmillionen die Alpen langsam ins Meer gespült. Die Zahlen sind so groß, daß man sie nicht mehr richtig einschätzen kann. Ein Vergleich könnte helfen, den französische Geologen angestellt haben. Danach würde jener Sand, der hier in der Camargue innerhalb von vier Jahren ankommt, die Fläche von Paris um einen ganzen Meter anheben können. Schon in den großen und kleinen Armen des Deltas und in den flachen Brackwasserteichen, den „etangs", wird viel toter Sand abgelagert. Zunächst bildet sich Sumpf zwischen den zahlreichen Rhônearmen. Die halbwild gehaltenen Pferde und Stiere leben darin. Dann formen sich Sandbänke und Schilfsümpfe, in denen so viele Vogelarten nisten, daß die Camargue zum Naturreservat erklärt werden konnte. Die Flamingos fallen neben den schwarzen Stieren und weißen Pferden am meisten auf. Später verlanden die Brackwasser-Seen und Sümpfe, so daß mit Reisanbau begonnen werden kann. Zwei Ernten sind jährlich möglich, weshalb die Camargue inzwischen zu Europas größtem Reiserzeuger geworden ist. Dann folgen nach mehreren Jahren im Zug der fortschreitenden Verlandung Erdbeer- und Weinfelder. Auf diesem angeschwemmten Rhônesand, der ohne jeden düngenden Humus ist, gedeiht der Sandwein, der „vin de sable", ein einfacher Tischwein mit etwas herben Geschmack. Die Rebe wächst extrem langsam und bildet im Laufe ihres langen Lebens einen nur etwa fünfzig

Zentimeter hohen, knorrigen und dicken Stamm wie ein japanischer Bonsai. Der südliche, dem Meer unmittelbar zugewandte Teil der Camargue ist völlig unkultiviert. Er wird als wilde Camargue, „camargue sauvage", bezeichnet. Alles in allem ist etwa die Hälfte des Gesamtgebietes einigermaßen erschlossen, die andere Hälfte ist naturbelassen und wild.

In den Sümpfen fallen die Herden der schwarzen Stiere dem Besucher zuerst ins Auge. In der flimmernden Luft wirken sie viel größer als sie tatsächlich sind. Ihr einziger Lebenszweck ist der Stierkampf, für den sie zwar gezüchtet aber nicht trainiert werden. Sie kommen völlig unvorbereitet und dumm in die Arenen, in denen dann das harmlose und unblutige Spiel stattfindet. Zwischen ihren Hörnern wird vorher eine Madaille aufgehängt, die ein stets weiß gekleideter „racetteur", ihr unbewaffneter Gegenspieler, abreißen soll. Dabei wird von dem jungen Mann Geschick und sportliche Gewandheit erwartet. Seine sportliche Leistung, ja in den meisten Fällen seine tänzerische Eleganz, reißt jeden Sonntag das Publikum zu Begeisterungsstürmen hin. Nicht der Stier, vielmehr die tänzerische Eleganz der einzelnen Akteure, in der Regel bekannte Sportler aus der Stadt, wird bejubelt. Stets beginnt das große Spektakel mit einem Umzug der Guardians, den Viehhirten aus der Camargue, auf ihren schneeweißen Pferden. Die farbenprächtigen Zigeunerkostüme stimmen die vollbesetzte Arena auf das folgende Geschehen ein.

Dieser „cours de cocarde" ist inzwischen so beliebt geworden, daß er weit über die Provence hinaus in Städten und Dörfern bis zum Atlantik an den Sonntagen – abwechselnd mit Fußball – abgehalten wird. Dort allerdings muß man auf die prächtigen Guardians verzichten. Sie treten außer in den kleinen Dörfern der Provence besonders schön in den Arenen von Arles und Nimes auf.

Ein oder zwei „spanische" corridas mit spanischen toros und spanischen Toreros werden in den Sommermonaten in den beiden soeben genannten großen Arenen auch geboten. Nicht nur die Akteure, auch das Publikum ist dann allerdings nicht provencalisch. Der tödliche Ausgang eines solchen „Spieles" hat mit der Camargue nichts zu tun, er paßt nicht in diese Landschaft.

Mit den schwarzen Stieren leben – ebenfalls völlig wild – in den Sümpfen die weißen langmähnigen Camargue-Pferde. Diese als Fohlen fünf Jahre lang völlig schwarze Sorte wird ausnahmslos als Reittier eingesetzt. Die Hirten der Camargue, die Guardians, besuchen auf ihnen die Stierherden in den Sümpfen. In den letzten Jahren konnte man mit dem Aufblühen des Tourismus sie als Leihpferde für einen interessanten Ritt durch die Sümpfe, in denen sie natürlich besser Bescheid wissen als ihre fremden Reiter, stundenweise mieten. Stets muß man sich dann einer Karawane anschließen, in der laute Unterhaltungen nicht zu vermeiden sind. Die vielen Vogelsorten, denen ein solcher Ritt ja eigentlich gilt, sieht bei dem Krach natürlich niemand. Sie bleiben im Schilf verborgen bis die lärmende Karawane vorüber ist. Wozu also diese Reiterei?

Das Camargue-Pferd ist eine eigene, nur hier vorkommende Rasse. Es ist mit 1,35 m Risthöhe verhältnismäßig klein, ohne zu den Ponys zu gehören, und gilt als Relikt aus der Steinzeit. Diese prähistorische Art wurde schon vor 17.000 Jahren an den Wänden der Höhle von Lascaux dargestellt. Die Zeichnungen zeigen genau diese Rasse und die ebenfalls mehrere tausend Jahre alten Knochenfunde von Solutré belegen die anatomische Übereinstimmung mit den Tieren aus unserer Zeit. In der Antike schätzten die Römer die weißen Renner wegen ihrer Ausdauer und Geschwindigkeit. Die Camargue-Pferde waren damals ein Exportschlager rund ums Mittelmeer für die bei den Römern so beliebten Pferderennen.

In einem Falle reicht ihr Ruhm sogar weit über das Römerreich hinaus, nämlich bis nach China. Vor der Zeitenwende hatten die chinesischen Kaiser angefangen, den riesigen asiatischen Kontinent westwärts erforschen zu lassen, wobei ihre Abgesandten in

Zentralasien auf einige weiße Pferde stießen, die dort per Zufall als Kuriosität gehalten wurden. In Ostasien hatte man solche Tiere noch nie gesehen und die kaiserlichen Sendboten berichteten denn auch zu Hause recht genau über ihre Verwendung als Reittiere. Die Chinesen kannten bis dahin nur die so extrem langsam schreitenden Kamele, schnelle Renner waren etwas völlig Neues. Es waren kaiserliche Generäle, denen die Idee kam, mit solchen exotischen Pferden eine Reitertruppe aufzustellen. Ihr Drängen bei Hofe führte dann auch zu einer riesigen Expedition quer durch Asien bis an den Rand des römischen Reiches, wo man über tausend solcher Renner kaufte. Als die riesige Karawane in China eintraf, war die Sensation perfekt und die rasch eingeübte Kavallerie schlug denn auch erfolgreich ihre Reiterschlachten. Von da ab nannten die Chinesen die Camargue-Pferde „himmlisch" und „fliegend". Lobeshymnen über die Pferde sind in der blumigen chinesischen Poesie noch heute bekannt. Die ersten Zeilen eines solchen „Helden"-epos lauten:

Die himmlischen Pferde kommen,
Sie kommen aus dem fernen Westen.
Durch grasloses Land sind sie gegangen,
Um gen Osten zu gelangen.
Den fließenden Sand haben sie durchquert,
Tausend Li haben sie zurückgelegt.
Die neun Barbaren sind unterworfen ...

Die vielen Pferdegeschichten sind den Asienforschern unserer Tage durchaus geläufig. Sven Hedin berichtete in seiner „Seidenstraße" 1936 erstmalig darüber und aus einem Standardwerk zu diesem Thema, das 1986 in Tokio veröffentlicht wurde, stammt das soeben auszugsweise zitierte Gedicht. Die größte Aufmerksamkeit wurde jedoch einer in einem Kaisergrab an der Wüste Gobi 1969 ausgegrabenen Bronzestatue zuteil. Es war das „fliegende Pferd", mit einem Huf auf einer fliegenden Schwalbe balancierend. Es war genau das Camargue-Pferd! Als diese kleine Statue 1972 in Paris ausgestellt wurde, kamen in kurzer Zeit 600.000 Besucher, viele aus der Camargue. Sie wollten „ihr" Pferd in Bronze sehen.

Das weiße kleine Roß in den Schilfsümpfen der Camargue hat also Geschichte gemacht, nicht nur hier, nicht nur vor 2.000 Jahren im römischen Weltreich. Es ist das ferne China, wo ihm in Historie und Literatur ein Denkmal gesetzt worden ist.

Mitten in den Camargue-Sümpfen ist in dem ehemaligen Landgut „Mas-du-Pont-Rousty" ein Camargue-Museum eingerichtet worden. Es ist für den Besucher, der ja die vielen schmalen Dämme durch das Schilf gar nicht alle benutzen kann recht aufschlußreich. Viele Modelle, Filme und Fotos informieren hier gründlich über alles, was die Camargue betrifft, vom Reisanbau bis zur Salzgewinnung, von den Zigeunerhütten und vom einsamen Leben der Guardians, den Viehhirten auf den weißen Pferden. Es ist eines der lebendigsten Museen, die man sich vorstellen kann. Auf dem zugehörigen Lehrpfad bekommt der Interessierte vor allem eine Einführung in die Pflanzen- und Vogelwelt der Camargue. Erst nach einer solchen Unterrichtung bieten dann die Ausflüge auf den Dämmen durchs Schilf einen viel offeneren und verständnisvollen Blick auf dieses Naturreservat.

Zunächst erkennt der Besucher anhand der Karte am Eingang des Museums, daß die Camargue sich ja gar nicht nur auf das Delta zwischen den beiden Rhônearmen beschränkt. Auf dem Ostufer der Grand Rhône setzen sich nämlich die Salzfelder und Sümpfe von Salin-de-Giraud fort fast bis an den Flughafen von Istres. Dort sind sogar viele Schlafplätze der Flamingos, so daß es durchaus lohnend sein dürfte, in den ersten Morgenstunden von Port-St. Louis aus den Aufstieg der rosaroten Vogelwolken zu beobachten, die westwärts zu ihren Futterplätzen am Etang-de-Vaccarès ziehen. Noch deutlicher ist die Ausdehnung nach Westen. Nicht nur, daß Aigues-Mortes heute unstrittig zur Camargue gerechnet wird, auch das hypermoderne Wassersportzentrum La Grande-Motte und der ganze Brackwassersee Etang-d'Or gehören noch dazu. Wie in Istres dürfte auch hier im Westen ein Flugplatz als Grenze anzusehen sein: Der Aeroport am Dorf Pérols.

Daß in diesem Camargue-Museum eine Unterrichtung über den Aufbau der Sumpfregion, die immer wieder geänderten Wasserläufe, Schilfsümpfe und Reisfelder geboten werden, war zu erwarten. Daß bei der Urbarmachung des Nordteils nach dem Reisanbau die Sonnenblumenfelder überwiegen und riesige Erdbeerplantagen entstehen, daß der vin-de-sable, der Sandwein, neben den Sümpfen gedeiht, das alles hat der Camarguebesucher schon draußen in der Natur selbst gesehen. Überrascht wird man allerdings von der Tatsache, daß hier Schafzucht betrieben wird. Nicht ein einziges Schaf kann je der Gast in dieser Gegend antreffen. Des Rätsels Lösung zeigt sich dann darin, daß sich Sommergäste und Schafe gegenseitig in der Camargue ablösen. Riesige Schafherden werden nämlich nur im Winter in die Camargue getrieben. Es sind die „brebis" oben aus den Cevennen, jene Sorte, aus deren Milch der berühmte Roquefort-Käse gemacht werden kann. Die Tiere geben ihre speziell aromatisierte Milch, wenn sie jene Futterpflanzen auch im Winter bekommen, die sie oben auf den Cevennen im Sommer haben. Und diese Futterart bietet die Camargue im Winter, während oben im Gebirge

Schnee liegt. Die „transhumance", dem bayrischen Almauftrieb vergleichbar, findet also mit den rund hunderttausend Schafen unter Ausschluß der Öffentlichkeit statt – und vor allem auch nicht so publikumswirksam wie in Bayern: Die Schafe werden nämlich am Anfang und Ende des Winters auf Lastwagen transportiert.

Hinter schützenden Zypressenhecken und unter einigen wenigen Schirmpinien liegen in den Sümpfen und Reisfeldern weit verstreut die Häuser der Reisbauern, manchmal auch behäbige Landsitze, jeder mit einem klangvollen Namen wie Mas-des-Roses oder Mas-de-Sable. Sie sind Privatbesitz, einen oder den anderen kann man jedoch gelegentlich besichtigen. Einer ist besonders bekannt geworden, der 900 Jahre alte, am Nordufer des Vaccarès gelegene Mas-Méjanes. Hier residiert der Spirituosenfabrikant Paul Ricard, der mit dem Anis-Schnaps „Ricard" zu einem der Großen in der Branche geworden ist. Wie seine Mischung nicht nur Anis, sondern eine ganze wohltuende Sammlung von Provence-Kräutern enthält, ist auch das Mas-Méjanes keineswegs nur ein provencalisches Bauernhaus. Es ist ein Landsitz, recht breit hingelagert, aus mehreren Gebäuden bestehend und offensichtlich in gehobenem Ambiente. Zu dem Gut gehören eine Arena, wo außer den Stieren den ganzen Sommer über auch folkloristische Gruppen auftreten, und vor allem ein kleines Feriendorf, das runde schilfgedeckte Hütten anbietet, wie sie ursprünglich die Guardians hatten. Die Anlage bezieht ihr Flair aus der Tatsache, daß sie niedrig gehalten ist und sich deshalb der flachen Camargue anpaßt. Paul Ricard ist übrigens der Mann, dem wir in hervorragendem Ausmaß die Erhaltung, Pflege und vor allem die Finanzierung des Naturschutzgebietes „Camargue" verdanken. Wem dieses Kleinod gefällt, der sollte deshalb bei einem „Ricard" (mit oder ohne Wasser) im nächsten Bistro stets dran denken: Jedes Glas trägt zur Erhaltung dieses Paradieses bei!

Am östlichsten und westlichsten Punkt, direkt am Meer in Salin-de-Giraud und Aigues-Mortes, stehen Salzberge und weit dehnen sich an ihren Füßen die in der Sonne schimmernden Salinenteiche neben gleißenden Landflächen, die mit Salzkristallen wie mit Schnee bedeckt sind. Zahlreiche salzliebende Pflanzensorten sind in dieser Umgebung für den Besucher sicher neuartig. Eine eigentümliche und reizende Flora ist hier entstanden, die von dem üblichen salzfreien Boden bis hin zu den Salzfeldern alle Übergänge für das Pflanzenwachstum anbietet. Flockenblumen, Wasserklee, Enzian und die zahlreichen Gräserarten, die in normalen Böden gar nicht gedeihen, haben Biotope entwickelt, die Europa an anderer Stelle nicht hat. Eine Blume, die Statize, blüht dort das ganze Jahr über und ihre großen Farbflächen unterbrechen das unendliche Grün des Schilfs und das Weiß der Lagunen. In den Regenmonaten ist die Statize kornblumenblau, in der Sommerhitze dagegen rot. Das Schneegras schimmert mit weißen Tupfen überall im Schilf hervor und macht mit seiner ständigen Bewegung deutlich, wie hier der Mistral manchmal bis zu einer schwachen Brise abflauen kann. Völlige Windstille gibt es durch ihn hier in der sengenden Sommerhitze glücklicherweise nie. Von März bis Juni trifft man in dieser vom Schilf bestimmten Weite bemerkenswert große bunte Blumenflächen an. Da sie rundum von dem höheren Schilf umschlossen sind, werden sie erst sichtbar, wenn der Wanderer unmittelbar vor ihnen steht. Sie tauchen lautlos wie eine Fata Morgana auf. Dunkelblaue wilde Iris, leuchtend gelbe Narzissenflächen, bunte Gladiolen und verschiedene Hahnenfußgewächse dehnen sich zwischen den glitzernden Salzflächen an den Ufern der Brackwasserseen und dem grünen Schilf aus.

Die Camargue ist ein Vogelparadies, als solches wird sie ja überall gerühmt. Die Vögel haben die Sümpfe der Camargue-sauvage zu einer der bekanntesten Landschaften Europas gemacht. Allerdings sind jetzt die vielen und lauten Touristen schuld daran, daß die Vögel fast nur noch im Fernglas erreichbar sind. Wer jedoch früh aufsteht und schweigsam auf seinen Wegen ist, wer ruhig mit dem Rad auf der Straße rund um den großen Vaccarès herumfährt, erlebt auch heute noch eine Camargue, wie sie so übereifrig in Reiseprospekten angeboten ist. Nur dann ist sie tatsächlich noch das Vogelparadies mit ihren stolzen Schwarzstörchen, unnahbaren Kranichen, den schwarzen Kormoranen und leuchtenden Silberreihern, den Rohrdommeln und Ibissen aus Ägypten. Selbst der Paradiesvogel mit seinen drei schmalen ungewöhnlich langen Schmuckfedern an jeder Kopfseite und dem smaragdenen Schimmer an den Flanken ist hier keine Seltenheit. Aus Tropenwäldern, aus der Steppe oder dem fernen Sibirien, vom Ufer des Euphrat und von der Seidenstraße Zentralasiens kommen sie. Die Ornithologen können in manchen Jahren die Vielfalt kaum fassen. Bis zu 323 verschiedene Arten wurden in manchen Jahren schon gezählt. Wenn die Historiker in ihrer Wissenschaft immer sagen, die Provence sei stets ein Wegkreuz der Völker gewesen, so trifft das für die Vogelwelt in der Camargue auch jetzt noch Jahr für Jahr zu.

Der Prinz unter all diesen Vögeln ist aber ohne Zweifel der Flamingo, das Wappentier der Camargue. In den frühen Morgenstunden steigen rosarote Wolken dieser 1,90 m langen Vögel von ihren Schlafplätzen bei Salin-de-Giraud auf und fallen ins Schilf des Vaccarès ein. Solche Flamingoschwärme sind für den Beobachter noch jedesmal ein Erlebnis.

Das Auto ist in der Camargue völlig fehl am Platze. Die wenigen mit dem Wagen befahrbaren Straßen sind ganz offensichtlich so gelegt, daß man damit die Natur am wenigsten stören kann, daß man von ihr möglichst weit entfernt bleibt. Wer den Reichtum dieser einmaligen Landschaft, ihre Reisfelder und weißen Salzlagunen, die ausgedehnten Schilffelder um die verborgenen Brackwasserseen, die „étangs", besuchen, wer sogar an die bewundernswürdigen Vogelkolonien herankommen will, kann das allein mit dem Fahrrad. Die Camargue versteckt ihre Geheimnisse nämlich recht gut. Viel Geduld ist nötig, bis man sie findet. Für den Radfahrer, der sich ja lautlos bewegt, gibt es in der Unendlichkeit von Schilf und Wasser manchmal sogar eine völlig unerwartete Begegnung. Da kann man plötzlich mitten ins Familienleben einer Wildschweinrotte geraten.

Nur wenige Landschaften dieser Erde verführen so dazu, sich an Einsamkeit und Freiheit zu berauschen wie die Camargue. Sümpfe und Reisfelder, salzverkrustete Steppen, glitzernde Salzflächen und leblose Lagunen, Brutstätten der so vielen exotischen Vogelarten, abgelegene Weiden wilder Pferde und schwarzer Stiere findet man. Nur dem lautlosen Radfahrer ist das alles noch beschieden und nur er empfindet dann auf seinen Touren die Stille, nur ihm erschliesst sich heute noch die reiche Welt der Pflanzen und Tiere.

Die Camargue ist schwach besiedelt, viele Einwohner können darin, in Sumpf und Schilf, ohnehin nicht leben. Ausser in den beiden Touristenzentren von Stes. Maries und Aigues Mortes, in denen die Bewohner in der täglichen Fremdenflut ohnehin eine geradezu lächerliche Minderheit ausmachen, wohnen hier die Menschen zumeist nach dem Gesetz der grösstmöglichen Einsamkeit. Von Haus zu Haus sind es stets weite Wege auf den verzweigten Dämmen.

Die Chance, in der nassen und grünen Camargue dem einzigartigen Leben der Vögel und des anderen Getiers nachzuspüren, ist für den in aller Regel lauten Sommertouristen, erst recht wenn er in Gruppen auftritt und mit läppischer Unterhaltung in diese stille Landschaft einbricht, praktisch gleich null. Nur wer hier keinen Lärm macht, kann Verborgenes erleben. Dem Touristen, der sich heute beim Guardian beklagt, daß von den Versprechungen der Prospekte so gar nichts übrig geblieben ist, wird in den letzten Jahren eine schon fast genormte und als Bonmot gemeinte Antwort gegeben: „Alles ist noch da, alles ist noch zu sehen. Aber dazu müssten Sie mal kommen – wenn S i e nicht da sind".

Nicht jeder der vielen Dämme, die ins Schilfmeer wie ein Trampelpfad führen, ist dafür geeignet. Meistens sind das die Wege der berittenen Guardians, die ungehemmt auch mal die querliegenden Kanäle

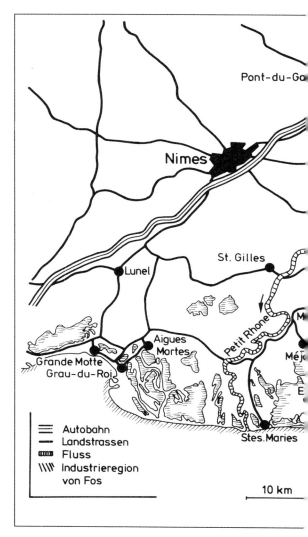

Blick über Camargue und Crau

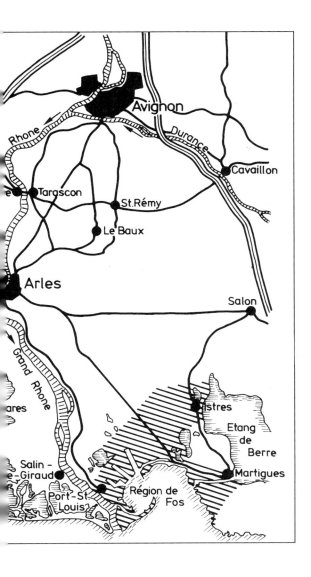

einfach durchreiten können. Der fremde Besucher jedoch kann sich auf solchen abrupt endenden Dämmen hilflos verlaufen. Man benutzt deshalb für eine solche „Fahrt ins Ungewisse" jene etwas breiteren Dämme, auf denen die Räderspuren von Bauernwagen zu erkennen sind. Dann kann man wenigstens die Gewißheit haben, früher oder später aus dem Labyrinth wieder herauszukommen.

Selbst gute Wanderer- oder Radfahrer-Karten helfen wenig in diesem Labyrinth von Kanälen und Schilf, zwischen den Brackwasserteichen und auf den schmalen Dämmen mittendrin. Die Spezialkarten des Verlags Didier-Richard, die zusammen mit dem Nationalen Geographischen Institut herausgegeben werden, sind bei den ständigen Veränderungen dieser eigenartigen Landschaft immer etwas hinter der Wirklichkeit zurück. Eine verbindliche und dem aktuellen Stand angepasste Aufklärung über die befahrbaren und begehbaren Wege zwischen Fixpunkten erhält man jedoch im schon erwähnten Camargue-Museum.

Besonders „kluge" Reisebüros sagen, der Wanderer könne im Sumpf und Schilf auf einigen einsamen Bauernhöfen zünftig übernachten. Das stimmt zwar. Das Moskitonetz ist dafür allerdings unerläßlich und der Krieg gegen die zwei Mücken, die dennoch drunter bleiben, dauert in aller üblen Regel bis zum Morgen.

Les Saintes-Maries-de-la-Mer

Von den drei kleinen Camarguestädtchen St. Gilles, Aigues-Mortes und Les-Saintes-Maries-de-la-Mer liegt das letztere direkt am Meeresstrand. Es war bis vor wenigen Jahren ein stiller Badeort mit schönem Sandstrand, einer kleinen Arena und einer auffallend großen Wallfahrtskirche, die ohne Turm wie eine klotzige Festung über alle Häuser hinausragt. Im frühen Mittelalter erfolgte ihr Ausbau als Wehrkirche mit Wehrmauer und Zinnen oben rund ums Dach und einem riesigen zweiten Kirchenraum unten im lichtlosen Keller, der bei Kriegsgefahr als Fluchtmöglichkeit für die gesamte Einwohnerschaft des Dorfes diente.

Bis ins fünfte Jahrhundert haben an dieser Stelle die Legionäre Roms dem persischen Lichtgott Mithras gehuldigt. Ein Teil des muschelförmigen Mithrasaltars ist noch erhalten und steht jetzt unten in der Kellerkirche in einer dunklen Nische. Dennoch entstand im Mittelalter eine ganz andere Geschichte um diesen Ort. Danach sollen nämlich schon 40 n. C. auf einem steuerlosen Floß mehrere tausend Kilometer weit her aus dem Heiligen Land die drei Marien aus Christi Umgebung übers Meer gekommen und hier zielsicher gelandet sein. Von diesem Landeplatz aus hat – so sagt es diese Geschichte –

das Christentum in Europa seinen Ausgang genommen. Diese Legende ist übrigens von dem deutschen Benediktiner Hrabanus Maurus (780 – 856) erstmalig niedergeschrieben worden, dem gleichen, der als Gelehrter im frühen Mittelalter Anerkennung fand, als Abt von Fulda weit bekannt wurde und schließlich als Bischof von Mainz starb. In dieser Geschichte lebt seither die überdimensionale Kirche von Stes. Maries und bei der obligaten Führung erzählt jetzt der Führer den staunenden Besuchern diese Geschichte vom Bischof aus dem weit entfernten Mainz. Der Mythos, der sich um diese klobige Kirche rankte, die Geschichte von der schwarzen Sarah, einer Nubierin aus Afrika die aus dem Morgenland kam, hat sich also seit über tausend Jahren erhalten.

Die drei Marien, nach der Bibel die nächsten Verwandten Christi, waren jedoch nicht die wichtigsten Passagiere des Langstrecken-Flosses. Das war vielmehr ihre farbige Dienerin, die „Schwarze Sarah". Sie stieg in der Legende zur Schutzpatronin aller Zigeuner in der Welt auf, und dieses über alle Erdteile verstreute Volk sieht in ihr die Helferin in allen Nöten. Die Ureinwohner der Camargue, die Viehhirten auf ihren weißen Pferden, die Guardians, haben deshalb die große Kirche der Schwarzen Sarah geweiht. Drinnen auf dem Altar ist die kleine Figur jetzt der Heilige Mittelpunkt. Jedes Jahr, am

24. Mai und 22. Oktober, finden ihr zu Ehren Zigeunerwallfahrten statt, ein folkloristisches Ereignis größten Ausmaßes. Die Altarfigur wird dabei hinaus ins Meer getragen und anschließend ums ganze Dorf. Aus aller Welt, vorzugsweise aus Spanien, Portugal, Ägypten und vom Balkan, kommen Delegationen und die Guardians der Camargue richten die zwei Tage dauernden Umzüge und Feste aus. Das Spektakel ist tausendfach fotografiert und gefilmt worden. Die malerischen Kostüme der Zigeuner, welche auf den weißen Camargue-Pferden die Prozession bis ins Meer begleiten, ihr außerordentlich großer Reichtum an kostbaren Schmuckstücken aus Gold und Edelstein, locken Tausende von Zuschauern – ebenfalls aus aller Welt – jedes Jahr immer wieder hierher.

Als das ruhige Fischer- und Badedorf von den internationalen Reisebüros noch nicht entdeckt war, saßen hier öfters Maler vor ihren Staffeleien. Damals, es muß in den siebziger Jahren gewesen sein, sagte einer, ein Österreicher, „wir sehen jetzt hier nur noch das Schwanzerl von der Katz', bald wird alles weg sein". Und tatsächlich ist Stes. Maries inzwischen vom Tourismus vollständig verschlungen worden. Die schindelgedeckten typischen Originalhütten der Viehhirten sind beseitigt und aus Kunststoff und Eternit ersetzt, innen mit modernem Komfort, mit Eisschrank und Elektroherd ausgestattet und zu Hunderten in langen Straßenzügen aufgereiht. Der vier Kilometer lange frühere Sandstrand ist zu einem schier endlosen Parkplatz umfunktioniert. Die Straßen im Ort sind vollgeparkt und das kleine Dorf wird von Autos erdrückt. Der Radfahrer ist hier ein lästiges Verkehrshindernis. Der ganze Ort ist in Schwingungen versetzt, aus den Diskotheken, die schon vom Vormittag bis lange nach Mitternacht heulen, schallt es dröhnend heraus. Die Mischung der Gäste ist ein unüberbietbares Konzentrat aus Holland, Ruhrgebiet und Dänemark, ausgezeichnet mit allen Modedrogen. Mac Donald hält seine Futterläden für sie bereit. Die Retortenküchen mit BigMac und Cheeseburgern halten ihre gelackten Türen zu einer Welt aus Plastik, Pappe und minimaler Kauarbeit Tag und Nacht geöffnet. Jeder Happen kommt in Pappe über die Theke, Getränke sind aus Dosen zu saugen, Bier vom Faß wird in diesem Lärm groß angeboten. Wer spricht unter diesen Leuten etwa vom Wein? Kauarme Kost kann schnell verschlungen werden. Gesellschaftliche Unterschiede verschwinden: Die Finger sind bei allen gleich. Messer und Gabel gibt es nicht, höchstens eine Papierserviette, um die Ketchupspritzer von der Schulter der Nachbarin zu wischen. Schnelligkeit ist Trumpf, keiner soll verweilen, gar wählen oder sich aufs Essen freuen. Die Tischsitten aus dem Land der kaum begrenzten Geschmacklosigkeiten sind dem „Schnellfutter" angepaßt.

Man muß heute aus Stes. Maries nur rasch wieder verschwinden. Gott sei Dank, die große Camargue verkraftet diese Eiterbeule mühelos. Und wer europäische Esskultur mit französischer Kochkunst praktizieren will, kann in den so zahlreichen provencalischen Dorfwirtshäusern an anderen Orten in passenderer Gesellschaft ausreichend Gelegenheit dazu finden.

Und Stes. Maries-de-la-Mer behält seinen Zauber trotz allem, was ihm der Tourismus jetzt antut. Der riesige Klotz der Zigeunerkirche, die kleine und naive Sarah-Statue, die nachtdunkle Krypta mit den Resten des Mithras-Altars, den man sich selbst in Gedanken vervollständigen muß – sie alle behalten ihre Symbolkraft und ihren Wert trotz der lärmenden Moderne dort draußen.

Aigues-Mortes, eine Kreuzfahrerstadt

Im Südwesten der Camargue, mitten in Salzlagunen, Schilfsümpfen und Reisfeldern liegt das Städtchen Aigues-Mortes. Der Name paßt genau: „Tote Wasser". Es ist eine befestigte Stadt aus dem Mittelalter mit quadratisch angelegten Mauern, 400 x 400 m lang, 10 m hoch und 6 m dick, ein wahres Gebirge aus Stein. König Ludwig hatte sie im 13. Jahrhundert bauen lassen, um von hier aus zwei Kreuzzüge (die letzten überhaupt) gegen „die Heiden" zu starten. Natürlich gingen beide schief – wie alle Kreuzzüge – und der erfolglose Ludwig wurde nach seinem Tode, quasi zum nachträglichen Trost, vom Papst heilig gesprochen. Unter den französischen Königen war also einer heilig.

Wo sich an der Südmauer heute ein Streifen versteppten Landes hinzieht, der jetzt für Reiterspiele im Sommer von den jungen Leuten gerne genutzt wird, wo anschließend sich Sümpfe und Salzlagunen glitzernd ausdehnen, war bei der Gründung des Städtchens seinerzeit der Hafen, von dem die beiden Kreuzzüge im dreizehnten Jahrhundert ausgingen. Achtunddreißig Schiffe hatte König Ludwig in diesem Hafenbecken versammelt. Die Organisation eines solchen Kreuzzuges über See ins Heilige Land war seinerzeit sogar recht modern, wir kennen auf unseren heutigen Hochseedampfern immer noch drei Klassen mit unterschiedlichem Komfort. Die Kreuzfahrer erster Klasse logierten damals auf dem Hinterdeck in prunkvollen Gemächern und wurden vom Küchenchef üppig versorgt. Die Morgenlandfahrer zweiter Klasse wurden im Zwischendeck untergebracht, das einfache Fußvolk dritter Klasse neben den Ruderbänken und auf dem tagsüber glühendheißen offenen Deck. In der zweiten und dritten Klasse hatte jeder fromme Kriegersmann eine lange Kiste mitzubringen. Nachts diente sie zum Schlafen, nach mehr oder minder ruhmreichen Tode als Sarg. In ihm wurde der Tote vom Priester gesegnet. Dann warf man ihn, den Toten, ins Meer.

Solche befestigten kleinen Siedlungen wurden „bastides" genannt, Festungchen. Einige Dutzend standen seinerzeit in gleicher Form und Größe in Südfrankreich. Alle sind sie inzwischen verfallen, verkommen, zerstört. Nur Aigues-Mortes steht noch mit seinen klobigen, sonnenverbrannten Mauern, es fehlt nicht ein Stein. Jetzt ist das Städtchen das einzige unversehrte Beispiel einer mittelalterlichen Stadt. Die gewaltige Mauer von 1.600 m Länge sollte Schutz gewähren, 20 mit Zinnen besetzte Wehrtürme und 10 befestigte Stadttore sollten irgendwelchen Feinden Widerstand leisten. Noch heute könnten feindliche Ritter auf ihren Rossen zurückgeschlagen werden. Aber schon damals im Mittelalter und auch danach kam hierher nie ein Feind. Nie wurde das Städtchen angegriffen, die vielen Sümpfe um die Mauern wollte keiner erobern. Es kamen partout keine Feinde und die Angst vor ihnen war die ganzen Jahrhunderte lang völlig umsonst gewesen. Nie wurde Aigues-Mortes gebraucht, es war bei keiner Gelegenheit zu etwas nütze. Damals waren hier 15.000, heute sind es weniger als 4.000 Einwohner. Die Stadt lebt jetzt von der Salzgewinnung aus dem Meer und vom Reisanbau, vor allem jedoch vom Tagestourismus. Er bestimmt den Lebensrythmus nur im Sommer. Im Winter wirkt hier alles ganz anders. Da ist Aigues Mortes ein sehr stilles Städtchen, da sind in den kleinen Straßen alle Läden, Fenster und Türen mit Brettern verschlossen, kein Mensch zeigt sich in den Gassen, eine gespenstige Stille liegt über dem Ort. Da ist Aigues Mortes wortwörtlich „Totes Wasser". Der Sommertourist kann sich das gar nicht vorstellen wenn mit ihm Tausende in den Gassen und auf der Mauer herumlaufen. Für diese Besucher ist die mittelalterliche Stadt ein Erlebnis besonderer Art und die Südmauer mit den riesigen Tortürmen wird tausendfach fotographiert. Die ganze eng gebaute Stadt ist Fußgängerzone, man läßt seinen Wagen – auch das Fahrrad – vor der Stadtmauer neben dem großen Nordtor, der Porte-de-la-Gardette, stehen und kann oben von der Mauer beim Rundgang die weiten Reisfelder und die Lagunen für die Salzgewinnung betrachten, für alle Besucher aus dem Norden ein beeindruckendes Panorama.

In der Mitte des Ortes, auf einem kleinen Marktplatz, der eigentlich nur ein Plätzchen ist, steht der schon erwähnte König Ludwig in Bronze. Er steht tagsüber viel allein, denn die Tagestouristen laufen auf den Mauern entlang und sind viel zu sehr mit Einkäufen beschäftigt. Erst abends, wenn aus Fremdenführern und Verkäufern wieder normale Einwohner geworden sind, trifft man die Provencalen beim „Ricard" unter den Platanen. Da lohnt es sich auch, in den kleinen Restaurants die rein provencalische Küche recht preiswert zu genießen mit beglückend vielen Meerestieren. Mittags servieren die gleichen Lokale für die vielen Kurzbesucher „fast food" – seinen Appetit hebt der Kundige also für den Abend auf.

An manchen Nachmittagen, wenn die vielen Touristen noch durch die Gassen wuseln und Kitsch kiloweise kaufen, rasen durch das Städtchen gepanzerte Ritter auf verhangenen Rossen, lanzenschwingend mit viel Geschrei. Blechrüstungen und bunte Kostüme haben sie an. Darunter kommen zwar die Jeans und Turnschuhe hervor, das tut aber der Begeisterung keinen Abbruch. An der Südmauer spielen sie dann ihr Sommerfest, einen Sarazenenüberfall – hin und wieder so heftig, daß es auch schon mal Blessuren geben kann. Dann rast der Notarztwagen mit Tatütata außen um die Stadtmauer herum und holt die „Toten Wasser" mitten in die Gegenwart hinein.

Nur zweimal wurde Aigues-Mortes aus seinem Dornröschenschlaf gerissen. Einmal im 14. Jahrhundert während des Hundertjährigen Krieges zwischen Frankreich und England überraschten die Stadtsoldaten einige Burgunder in den Salzsümpfen und machten sie kuzerhand nieder. In einem der Mauertürme wurden anschließend die Opfer aufgestapelt und aus Angst vor der Pest in dieser Hitze einfach eingesalzen. Salz hatte man ja genug aus den Lagunen. Am Burgunderturm auf der Stadtmauer vergißt kein Fremdenführer die „eingesalzenen Burgunder" und selbst in einem oft gesungenen Volkslied tauchen sie noch heute auf.

Das andere Mal waren die Hugenottenverfolgungen des 18. Jahrhunderts der Anlaß. Damals wurde Marie Durand als junges Mädchen in den dicken Turm außerhalb der Stadtmauer achtunddreißig Jahre ihres Lebens eingekerkert, weil sie partout nicht katholisch sein wollte – ein nicht untypisches Schicksal hierzulande. Die Provencalen haben in ihrem jahrhundertelangen Kampf gegen die katholische Kirche – gleichgültig, ob sie sich Katharer, Waldenser oder Hugenotten nannten – gewisse Erfahrungen. Hier der dicke „Tour de Constance" in Aigues-Mortes ist deshalb für die französischen Protestanten unter den Besuchern jetzt so etwas wie ein Wallfahrtsort. Marie Durand ist nicht vergessen. Außer ihr waren später einmal mehrere Hugenotten – Männer, Frauen und Kleinkinder – im gleichen Turm von der allerchristlichsten Kirche so lange eingesperrt, bis sie nach wenigen Wochen restlos verhungert und verdurstet und damit „ohne Gewalt" beseitigt waren. Die frommen Kerkermeister meinten damals „Dieu le veut", Gott hat das so gewollt. Diese Frommen wissen ja immer, was ihr Gott will.

Übrigens haben die Deutschen eine ganz besondere Beziehung zu Aigues-Mortes. Als nämlich im 18. Jahrhundert die Hugenotten wieder mal wegen der Glaubensverfolgung auswandern mußten, gelangten etwa 20.000 „Asylbewerber" auf ihrer Flucht bis nach Preußen. Friedrich der Große gewährte ihnen Schutz und Asyl „vor der abscheulichen Papisterey", wie er die Vorgänge in der Provence ganz richtig beurteilte. Diese Flüchtlinge siedelte er am Niederrhein um Krefeld an, wo das aus Aigues-Mortes mitgebrachte Handwerk wieder aufblühen konnte: Es war die Seidenweberei, die noch heute in Krefeld zu Hause ist.

Das alles sind keineswegs überholte Geschichten. Der Kampf der Provencalen für Unabhängigkeit von Paris, für Protestantismus im katholischen Frankreich ist noch lange nicht ausgestanden. Noch heute hat der zumeist protestantische midi seine Abneigung gegen den Norden, gegen Paris, nicht aufgegeben. Das kam an einem Sonntag im Sommer 1970 recht spektakulär zum Ausbruch. Der 700 Jahre zurückliegende Todestag von Ludwig dem Heiligen sollte nämlich in Aigues Mortes pompös gefeiert werden. Paris hatte das angeordnet, ohne die Einwohner zu fragen. Deshalb sorgten die Provencalen in und um Aigues Mortes dafür, daß es zu einem Eklat kommen mußte. Sie wollten keineswegs den katholischen Ludwig, der als erster in einer langen Reihe von Pariser Königen die Provencalen „heim nach Frankreich" holen wollte, auch noch feiern müssen. Als dann im Sommer 1970 die Militärkapelle ihre Märsche blies, daß die Häuschen erzitterten, als der Herr Minister seinen Zettel zog, um vor dem Bronzeludwig den Ruhm des katholischen Königs vor den meist protestantischen Provencalen erneut zu verkünden, da sprangen einige junge Männer am Denkmal hoch und überschütteten es mit roter Lackfarbe. Der Jubel war unbeschreiblich, die Blaserei der Kapelle ging trotz mächtiger Anstrengungen völlig unter, der verhinderte Festredner mußte unter Gejohle und Spott schnell in sein Auto gerettet werden und fluchtartig das

Städtchen verlassen. Der Skandal war perfekt und den ganzen Sonntag über feierte man ein überschäumendes Fest in Aigues-Mortes – aber keineswegs eines zu Ehren eines französischen Königs! Es war der späte Sieg der Provencalen über die Franzosen – oder doch wenigstens ein Ersatz dafür.

Die Klosterwand von St. Gilles

Am Nordrand der Carmargue, fast verborgen in den vielen Reisfeldern, liegt St. Gilles. Das jetzt bedeutungslose Landstädtchen, nur 15 Km im Westen von Arles gelegen, läßt mit seinen 8.000 Einwohnern heute nicht mehr ahnen, welche große Vergangenheit hinter ihm steht. Zu seiner Blütezeit im 12./13. Jahrhundert war um das Kloster eine für damalige Verhältnisse große Stadt mit 40.000 Einwohnern entstanden, die infolge der das ganze Jahr über andauernden internationalen Messe bis auf 100.000 anstieg. St. Gilles war „die" Großstadt schlechthin in der ganzen Provence.

Während jeder Ort in diesem Land stolz auf seine 2.000 Jahre ist, auf seine Herkunft von den Römern hinweist, ist St. Gilles ein von der Regel total abweichendes Phänomen. Es hat keinerlei antike Vergangenheit, es hat – wie man jetzt sieht – auch keinerlei Bedeutung in der Neuzeit, es ist im Mittelalter wie ein Komet aufgestiegen und wieder untergegangen. Der Aufstieg erfolgte sehr rasch und sehr hoch, der Untergang nach kurzer Zeit spektakulär und gründlich, so gründlich, daß der Reisende heute in den flachen Reisfeldern aufpassen muß, die unscheinbaren niedrigen Häuser des Städtchens im Vorbeifahren nicht zu verpassen.

Im Mittelalter galt die geographische Lage als einzigartig. Ein schiffbarer Nebenarm der Rhône ermöglichte die Anlage eines Übersee-Hafens. Außerdem entwickelte sich dieser Platz zu einem Schnittpunkt mehrerer Handelsstraßen und vor allem der Pilgerwege. Wer als Kriegs-, Handels- oder Pilgersmann von Norden nach Süden zog, nach Spanien, nach Rom oder bis Jerusalem, der mußte St. Gilles entweder als Etappe oder als Hafen benutzen. Ebenso lief der Pilger- und Handelsweg von Germanien, aus Burgund und den Alpenländern nach dem Wallfahrtsort Santiago in Nordspanien über diese Stelle am Nordrand der Camargue. St. Gilles war damit zum europäischen Knotenpunkt für Handelswege und Pilgerfahrten geworden. Papst Calixtus II. ließ denn auch für die fromme Form des Tourismus, für die Pilgerfahrten, sogar eigens „Wanderbücher" schreiben, welche die Pilger von einem zum anderen Wallfahrtsort, von Kloster zu Kathedrale, leiten sollten. In St. Gilles wurden sie, die ersten Reiseführer der Touristik, angeboten. Selbst für die Fahrten über See, die nach Rom, Marokko, Antiochia, Jerusalem und Alexandria in Ägypten zielten und die von Händlern, Kriegsherren und Pilgern gleichermaßen benutzt wurden, gab es solche Reiseführer in den Basaren. Das Kloster ließ sie von seinen Mönchen fleißig kopieren und verkaufen.

Der internationale Handel und die weltweiten Verbindungen einer solchen Großstadt ließen eine Branche besonders blühen: Die ersten Banken. Im Jahre 1178 waren in St. Gilles 134 offiziel registriert. Genua, Pisa, Rom, Cordoba, Zypern, Jerusalem und Konstantinopel – die wichtigsten Städte der damals bekannten Welt – hatten hier ihre Bankvertretungen.

Reichtum und Macht der Abtei von St. Gilles waren bis ins 13. Jahrhundert hinein geradezu sprichwörtlich geworden. Die Macht – und Übermacht – führte dann allerdings auch zum Untergang, der die ganze Stadt mitriß und sogar zur Zertrümmerung der Klosteranlagen führte. Dieser Abstieg begann schon im 14. Jahrhundert und war im 16. Jahrhundert praktisch beendet. Von den vielen Kirchen, Palästen und der ganzen Großstadt blieb kaum etwas übrig. In religiösem Wahn wurde damals alles zerstört, auch das Zentrum der Macht, das riesige Kloster. Von ihm blieb im letzten Augenblick nur die grandiose Portalwand erhalten, die uns ahnen läßt, was damals hier tatsächlich vorhanden war. Diese Vorgänge, der Aufstieg und Fall von St. Gilles, sind eine eigene Geschichte, die eingebettet ist in die große Historie der Provence. Heute fährt der Reisende in das Landstädtchen, wenn er an der romanischen Portalanlage des einstigen Klosters Interesse hat. Auch haben wir ja in diesem Zusammenhang St. Trophime in Arles als Repräsentanten der großen romanischen Bauepoche zu sehen und wollen als Höhepunkt dieses Themas jene mächtige Fassade in St. Gilles besichtigen, die als eine der größten kulturellen Kostbarkeiten Südfrankreichs gilt.

Die große Portalwand entstand in fünfzigjähriger Bauzeit von 1130 bis 1180, etwa zur gleichen Zeit wie das Portal von St. Trophime in Arles. Dort handelt es sich um einen einzigen Torbogen, hier um drei in einer Breite von über 25 m. Der Figurenschmuck ist in St. Gilles umfangreicher, er erzählt die Bibelgeschichte von der Geburt Christi bis zur Kreuzigung und stellt insofern die ganze Bibel in Stein gehauen dar. Drei Skulpturen-Ebenen übereinander zeigen nicht nur einzelne Figuren sondern vorzugsweise ganze Szenen plastisch in Stein, eine schon von der Vielfalt her einmalige Leistung. Auffallend, und von anderen Kirchenportalen abweichend, sind die vielen Säulen, die nicht etwa als tragendes Element sondern ausschließlich als architektonische Verzierung gedacht waren. Damit läßt diese Fassade erkennen, daß sie die romanische Ornamentik nicht nur flächenhaft gestaltet, sondern mit den vorgesetzten Säulen eine Tiefenwirkung erreichen will. Das ist eine Formung, die in der romanischen Kunst absolut einmalig ist. Im oberflächlichen Blick wird der Besucher an die Theaterwand von Orange erinnert. Lange haben die Kunstexperten diese Meinung auch vertreten. Neuerdings liegen jedoch intensive Untersuchungen vor, die darauf verweisen, daß in Rom im großen Kaisersaal auf dem Palatin die Hinterwand des Thrones gleichartig geformt ist, wobei natürlich nicht christlich motivierte Skulpturen, sondern Einzelheiten aus dem römischen Götterhimmel gestaltet wurden. Den Mittelpunkt in Rom stellt der Imperator, in St. Gilles Christus als König aller Könige dar.

Ob nun die Szenenwand von Orange oder der Kaiserpalast in Rom als Vorbild für diese kraftvollsten mittelalterlichen Steinplastiken einer Fassade anzunehmen sind, eines jedenfalls wird deutlich: Hier manifestiert sich sogar nach über tausend Jahren noch einmal die Kunstauffassung der Römer in einer rein christlichen Darstellung, ein einmaliger Vorgang, der die Portalanlage von St. Gilles aus allen vergleichbaren Bauwerken der Romanik heraushebt.

Übrigens hat die Prachtfassade tatsächlich im Mittelalter als Hintergrund einer Bühne gedient. Auf dem Platz und auf der Treppe vor der Kirche haben nämlich Mysterienspiele und pompöse Aufzüge stattgefunden, insbesondere immer dann, wenn hoher Besuch aus Rom, mehrfach ein Kardinal, zweimal ein Papst, gebührend zu empfangen war.

Les Stes. Maries-de-la-Mer. Die Wehrkirche aus dem Mittelalter, die allmählich ins Meer wandert.

Arles. Die kolossale Steinkonstruktion hinter den Tribünen der Arena aus der Römerzeit. 1. Jahrhundert n. C.

Schilfernte in der Camargue.

Am Yachthafen von La Grande-Motte, der „Sommerstadt".

Das Kloster des Heiligen Aegidius, der unter seinem französischen Namen St. Gilles als Namensgeber gewirkt hatte, war schon kurz nach der Jahrtausendwende aufgeblüht. In jenen Zeiten des christlichen Aufbruchs nach dem Rückzug der Mohammedaner aus der Provence bildete sich auch ein Phänomen heraus, das im Gegensatz zu den Kreuzzügen nur geringfügig auf Mittel- und Nordeuropa ausstrahlte und in der Hauptsache auf den Süden konzentriert blieb. Es handelt sich um die „Pilgerzüge", die zu ihrer Zeit praktisch das ganze Volk in religiöse Aufregung brachten und keineswegs nur so kurze Episoden waren wie die Kreuzzüge, die jeweils nur 2 bis 3 Jahre dauerten. Volle zehn Generationen lang ist die Wanderbewegung der Pilger in der Provence im elften bis zum Ende des dreizehnten Jahrhunderts ein Dauerzustand gewesen. Die Massenzüge der Pilger entstanden plötzlich innerhalb weniger Jahre und veränderten die Camargue und die ganze Provence grundlegend. Die Sensation wurde im fernen Spanien ausgelöst unter Bezugnahme auf eine Bibelgeschichte. Es handelt sich dabei um Jakobus, einen Jünger Jesu, der im Jahre 44 in Jerusalem wegen mißliebiger Unruhestiftung von der römischen Besatzung enthauptet wurde. Bis dahin ist das eine aktenkundige Realität. Die „Geschichte" begann erst tausend Jahre später im viertausend Kilometer entfernten, ständig verregneten und nebligen Nordwesten Spaniens, einer

Gegend also, die damals weltenfern und äußerst arm in einem menschenleeren Zipfel Europas lag. Da wollte nämlich jemand plötzlich die Gebeine von Jakobus auf einem Friedhof ausgegraben haben – mit angewachsenem Kopf. Auf welche Weise der Kopf wieder drangekommen sein sollte, vor allem auf welche Weise eine so fragile Fracht aus Jerusalem übers Meer ausgerechnet in diesen Hinterhof Europas gelangt sein sollte, wagte niemand zu fragen. Jedenfalls verkündeten die Provinzbischöfe um 1065 in der damaligen nachislamischen Aufbruchstimmung, daß das Jakobus-Wunder so grandios sei, daß es eine Konkurrenz zum Apostelgrab des Petrus in Rom sein könnte.

Für Sankt Jakob auf dem Friedhof, Santiago de Compostela, wurde sofort zwischen den kleinen Bauerndörfern eine riesige Kathedrale geplant und auch gebaut, alle Vorbereitungen für eine Massentouristik, das eigentliche geldbringende Ziel, liefen auf Hochtouren. Die sogenannten „Pilgerzüge" konnten beginnen. Und da zeigte es sich, daß das gar nicht so einfach war. In den nördlichen Ländern Europas blieb man reserviert und wenn schon zu einem Grab gepilgert werden sollte, blieb man bei Petrus in Rom. In Südfrankreich jedoch kam fast die ganze Bevölkerung in Bewegung, die leicht entflammbaren Provencalen waren von der neuen Adresse begeistert. Einzelne nahmen irgendwann im Laufe

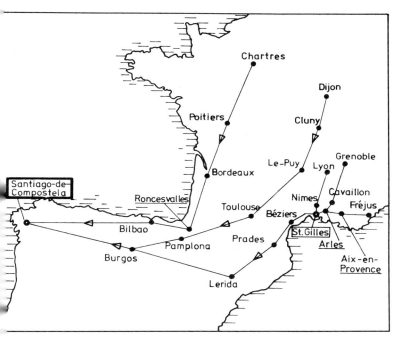

Pilgerwege nach Santiago-de-Compostela

des Jahres den Pilgerstab und wanderten los. Manchmal waren es Nachbarn, Familien oder gar ein ganzes Dorf. Ohne viel Vorbereitung begann die große Wanderschaft. Unterwegs traf man andere Gruppen mit dem gleichen Ziel, von Herberge zu Herberge vergrößerte sich der Treck. Aus der

Schweiz und Burgund, aus Deutschland und Frankreich kamen wenige. Aber in Südfrankreich schwoll der Zug an, in den provencalischen Dörfern wurden Höfe und Häuser leer. Nimes, Arles und Toulouse waren Knotenpunkte. Vor allem aber das Kloster St. Gilles in der Camargue galt als Leitstelle für das Gros der Wallfahrer. Man schätzt, daß auf den Staßen von und nach Santiago sich ständig mindestens eine Viertelmillion bewegten und daß für den Einzelnen die ganze Reise über ein Jahr dauerte. Zahlreiche Herbergen, Unterkünfte, Kirchen und Klöster entstanden am Wege. Mehrfach im Laufe der Zeit wanderte die Pest mit, so daß durchs ganze Land die Pilgerstraßen als Todeslinien erkennbar waren. An den Straßen des Heiligen Jakob sammelten sich die Spenden und Gebühren der Pilger in den Kassen der Klöster. Diese Strecken waren bald durch prachtvolle Kirchen, noch mehr durch riesige und aufwendig ausgestattete Klöster gekennzeichnet. Noch heute kann man die Pilgerwege anhand der Abteien, Klöster und Kathedralen nachzeichnen, an denen die Prachtbauten wie auf einer Perlenschnur aufgereiht sind, jeweils in kurzen Abständen. Wir besuchen sie heute nicht als fromme Wallfahrer, wohl aber als Touristen mit großem Interesse. In der Provence ist ihre Zahl so groß und sie stehen so eng beieinander, daß der Besucher sich bequem die besten und schönsten nach Kunstgeschmack aussuchen kann. Vergessen wir nicht: Fromme Pilger in

Seelennot haben ihre Scherflein gespendet und damit dem Christentum, der Geschichte und der Kunst in der Provence solche Kathedralen ermöglicht. St. Gilles ist ja nur ein Name unter vielen, die sich auch noch am Südhang der Pyrenäen, in Spanien, hinziehen bis eben nach Santiago de Compostela.

Außerdem profitieren wir heute auf einem ganz anderen Gebiet auch noch von dem Heiligen Jakob. Auf dem Rückwege steckten sich als Zeichen der durchstandenen Mühen die Wallfahrer nämlich eine bestimmte Muschel ans Hemd, für die sich deshalb der Name Jakobsmuschel einbürgerte. Sie kam über ihre religiöse Bedeutung hinaus bis auf den heutigen Tag zu bekannteren, nämlich gastronomischen Ehren: Die französische Küche bringt diese „Coquilles Sanct Jacques" heute wohlschmeckend als billiges Gericht auf den Tisch. Ein Restaurant in der heutigen Kleinstadt bietet die Muscheln nicht nur unter Hinweis auf den Heiligen Jacob an. Der Gast bekommt mit dem Gericht zugleich eine kleine Broschüre überreicht, in der die Zusammenhänge dieses Städtchens mit Santiago-de-Compostela und seine große Historie geschildert werden. Man ist sich hier der großen Vergangenheit bewußt.

Selbst in unserer Zeit ist Santiago-de-Compostela noch das Ziel von Pilgerfahrten. Mit Flugzeug,

Bahn und vor allem mit dem Bus ist es wohl mehr ein Massenziel und wer dort vor der Kathedrale den überfüllten Platz antrifft, wird mit gutem Grund von Massentourismus sprechen. Um so erstaunlicher ist die Tatsache, daß es in unserer Zeit tatsächlich noch wahre Pilger gibt, die mit dem langen Stock in der Hand, dem Rucksack auf dem Rücken, die riesige Strecke auf eigenen Beinen durchwandern, die in den Klosterherbergen übernachten und die zahlreichen Gotteshäuser am Wege besuchen. Es gibt sie noch, die Jakobspilger, wie vor neunhundert Jahren. Allerdings: Es sind nicht viele.

Die Steinwüste der Crau

Während die Camargue fast nur aus Schilf und Wasser besteht, ist die unmittelbar im Osten anschließende Region eine Wüste, die Steinwüste der Crau. Der Unterschied zur Camargue könnte kaum größer sein. Alles was die Besucher in die Camargue zieht, ist in ihr nicht wiederzufnden. Statt der Sümpfe, des Schilfs und des Wassers bietet die Crau ihre Trockenheit und vor allem nur Steine an. Statt der mehrtausendjährigen Geschichte finden wir hier ein erst vor dreihundert Jahren von Menschenhand geschaffenes Land, das bis in unsere Zeit hinein von allen Leuten völlig übersehen wurde. Niemand wollte bisher in sengender Sonne dreißig Kilometer weit in so einer offensichtlich leeren Region herumlaufen. Jeder Besucher, sogar die Provencalen selbst, ließen die Crau abseits liegen, niemand fand sie einer Erwähnung wert. Erst als in den siebziger Jahren von den riesigen Müllhalden, die von der Stadtverwaltung von Marseille am Stadtrand aufgetürmt wurden, Papier und Plastikfolien en masse herüberwehten und nicht nur in die Crau sondern bis zu den Schilfsümpfen der Camargue flogen, wurde die Naturschutzverwaltung der Camargue auf den Mißstand aufmerksam. Umweltschützer engagierten sich lauthals und sorgten mit einigem Druck für Abhilfe. Erst im ökologischen

Streit entdeckte man dabei, welch einzigartiges Biotop die angeblich leere Crau in Wirklichkeit ist. Diesen „Grünen" also verdanken wir unsere heutigen Radwanderungen ins „Land der Eidechsen und Libellen" wie neuerdings die Crau genannt wird. Noch ist die weite Crau nur in kleinen Kreisen bekannt, der Tourismus, der sich in Teilen der Camargue bereits eingenistet hat – wir sprachen ja schon von Stes. Maries-de-la-Mer – hat hier noch keine Stützpunkte gefunden.

Die Crau ist eigentlich eine Steinwüste, tischflach und mit glatt abgeschliffenen runden Steinen bedeckt. Diese faust- bis kindskopfgroßen „Kiesel" liegen nicht nur an der Oberfläche, sie haben vielmehr eine beachtliche Mächtigkeit, manchmal bis zu fünfzehn Metern Tiefe. Nur in Innerasien gibt es noch eine vergleichbare geologische Formation. Sie erstreckt sich von den Alpillen im Norden bis zum Meer im Süden, von Arles bis in die Industriezone von Marseille. Diese ausgedehnte und völlig flache Ebene wurde jedes Jahr überschwemmt und stand dann mehrere Monate etwa fünfzig Zentimeter unter Wasser. Praktisch war sie damit seit Menschengedenken unbenutzbar, ödes Land. Erst als im sechzehnten Jahrhundert der Wasserbau-Ingenieur Adam von Craponne den Mut hatte, das als unbefiedigend zu empfinden, den Ursachen der Überschwemmung nachging und tatsächlich Abhilfe schaffen konnte, entstand auf dieser riesigen Fläche lebendiges und nutzbares Land. Craponne lebte in Salon-de-Provence, in jenem kleinen Städtchen, das auch heute noch als Mittelpunkt der Crau angesehen wird. Es ist die einzige Stadt im gesamten Gebiet. Er fand heraus, daß die unerwünschten Wassermassen jedes Frühjahr aus der Durance stammten, die am Nordrand der Crau auf ihrem Weg nach Avignon vorbeifließt, deren Fluten jedoch durch einen Damm zurückgehalten werden könnten. Das, was ihm anfangs „nur" als einfacher Dammbau erschien, mußte er jedoch als eine viel umfangreichere Aufgabe bald erkennen. Bis zu seinem Lebendsende war er genötigt, viel mehr zu planen, viel mehr zu forschen und viel mehr Geld in dieses Jahrhundertwerk zu stecken, als er in jungen Jahren sich hätte träumen lassen. Immerhin, er schaffte es. Er hielt auf Dauer die Hochwasserfluten zurück – das Land wurde bis heute nicht mehr unter Wasser gesetzt – er durchzog die ganze Steinwüste planmäßig mit Kanälen und Wassergräben und schuf damit ein lebendiges Land. Die Crau ist also tatsächlich von Menschenhand erschaffen worden.

Der nördliche Teil der Steinfläche zu Füßen des weißen Kalkgebirges der Alpillen ist längst zu einem einzigen Obst- und Gemüsegarten geworden. Wer jedoch von Arles in Richtung auf den Flughafen Istres fährt, kreuzt jene rund 180 Quadratkilometer „Crau", die auch jetzt noch unerschlossen sind, das Bild der „Steinwüste" bieten und die zu einem sorgsam gehüteten Naturreservat wurden.

Die Crau ist nicht völlig leer. Sie hat ein durchaus reiches Leben entwickelt, ein eigenes, vom üblichen abweichendes und deshalb recht interessantes. Diese einzige Steinwüste Europas hat sogar eine schier unübersehbare Vielfalt an Pflanzen und Insekten entstehen lassen, so daß sie artenreicher als die daneben liegende, in der Öffentlichkeit so häufig genannte Camargue ist.

Einige exotische Vogelarten fallen besonders auf, die wir in Afrika oder Sibirien, am Euphrat und in Ostasien vermuten. Alle vornehm-fremden und bieder-einheimischen schwirren in der Crau durcheinander, vom Rotkehlchen bis zur Nachtigall, vom Paradiesvogel bis zum Turako. Die Ornithologen finden hier ihr Traumland.

Bäume gibt es auch, allerdings so selten wie die Palmen in der Sahara. Es sind uralte, knorrige und bizarre Kolosse von Mandelbäumen, die schon Anfang Februar in herrlicher Blüte stehen. Im Winter, der hier mehr eine Regenzeit ist, und vor allem im zeitigen Frühjahr weiden in der Steincrau Merinoherden mit mehr als tausend Tieren. Sobald die sengende Sonne das Gras verdorrt, ziehen die

Herden ins Gebirge, in die Alpillen, wo in der flimmernden Sommersonne die Fee mit der goldenen Ziege ihr Märchenreich hat. Erstaunen ruft bei diesen Schafherden das Leittier hervor. Das ist nämlich kein Hammel, sondern jedesmal ein ausgesucht starker und schöner Ziegenbock mit einem riesigen gewundenen Gehörn.

Schon Anfang Juli, vier Wochen früher als auf den Feldern der Haute Provence, blüht hier der wilde Lavendel zwischen den Steinen. Darunter leben mehrere Eidechsenarten. Die farbigen Zeichnungen an ihren Flanken lassen erkennen, daß sie wohl nur auf diese Region beschränkt sind, denn anderswo sind sie in ihrer Farbigkeit unbekannt. Sogar Perleidechsen, die größten Europas, sind darunter. Die Männchen tragen leuchtend blaue Flecken an den Seiten, die im Alter deutlich grün werden, und haben eine für unsere Verhältnisse recht unbekannte Größe, nämlich 50 cm. Einzelexemplare erreichen sogar 80 cm Länge und wenn sie aus ihren Verstecken auftauchen – man muß allerdings lange und ruhig auf einem Steinhaufen in der sengenden Sonne auf sie warten –, erinnern sie tatsächlich an Reptilien aus der Vorzeit. In einem Prospekt haben sie von Werbetextern den Namen „Minisaurier" erhalten. Sie sind völlig harmlos, was von den verschiedenen Taranteln und Skorpionen, die für diese Steinsteppe auch charakteristisch sind, nicht gesagt werden kann. Wer einen der Steine aufhebt, unter denen sie tagsüber verborgen sind, tut das auf eigene Gefahr.

Die Crau erlebt allerdings nur der Radfahrer so lebendig. Läuft er hier hemmungslos herum, wird er gar nichts zu sehen bekommen. Alles Getier hier ist scheu. Am meisten wird jener Besucher belohnt, der (hoffentlich unter einem Sonnenschirm) sich die Zeit zum Sitzen nimmt und warten kann. Dann allerdings sieht er das rege Leben, das in dieser so leer erscheinenden Gegend wirklich herrscht.

Die Schotterflächen sind also nur scheinbar tot, sie sind sogar stellenweise farbig angelegt. Mehrere Sorten von Flechten überziehen die Steinflächen mit grüner, roter, gelber und violetter Farbe. Und in dieser Trockensteppe gibt es auch einige Feuchtbiotope. Sie haben sich hin und wieder an den Kanälen und Gräben entwickelt, wo Wildblumen und Sträucher stehen. Hier begegnen uns bunte Käferarten, zumeist krabbeln sie in den Blüten herum. Mit über fünfzig verschiedenen Arten sind sie sogar die vielfältigste Gruppe unter den vielfarbigen Insekten.

Als eine Besonderheit gelten unter den Kennern die Libellen. Sie sind in großer Zahl, in unterschiedlichen Formen, vor allem aber in begeisternden Farbnuancen, in den Feuchtgebieten über der Wasserfläche der Gräben zu finden. Wie bunte flimmernde Perlen schießen sie durch die Luft. Die blauen Prachtlibellen, die langsam durch die Gegend taumeln, gelten als Schmuckstücke der Crau. Den ganzen Sonnentag über währt das Gaukelspiel dieser Wasserjungfern. Darauf braucht man nicht eigens zu warten wie auf die riesigen Eidechsen.

Während die benachbarte Camargue sich den Flamingo als Wappentier auserkor, hat die Crau ihre Eidechsen und Libellen als verehrte und geliebte Symbole gewählt. Beide, die Camargue und die Crau, sind damit zum schützenswerten europäischen Naturerbe geworden. Und der Kenner weiß: Wo Eidechsen und Libellen auftauchen, da ist die Crau gemeint.

Salon-de-Provence, am Rande der Crau gelegen, ist ein bäuerliches Kleinstädtchen und lebt vom Handel mit den duftenden und wohlschmeckenden Produkten der Umgebung: Olivenöl, Mandeln, Honig, Früchten und Wein. Die Touristik hat es – ebenso wie die ganze Crau – Gott sei Dank noch nicht überfallen. Die Hauptgeschäftsstraße ist ein von hundertjährigen Platanen überschattetes grünes Gewölbe, in dem der Einkauf auch im Sommer zur kühlen Erholung wird. Auf dem kleinen Zentralplatz, der mit Tischen und Stühlen aus den Bistros und Cafés vollgestellt ist, zieht der „Moosbrunnen" den Blick auf sich. Von einer üppig mit Moos bewachsenen riesigen Kugel, die hier eine Baumkrone darstellt, rinnen und triefen unablässig Wassertropfen wie glitzernde Seidenfäden in die große Brunnenschale darunter. Auf diesem so gekühlten Platz läßt es sich selbst in der flimmernden Mittagshitze angenehm sitzen. Er ist die „gute Stube" der Stadt.

Die Stadt hat einen großen Sohn, dessen riesiges Portrait auf der Wand eines Stadttors die Häuser überragt. Es ist Nostradamus, der große Mathematiker und Arzt, der geheimnisumwobene Astrologe, Berater der Könige und Fürsten seiner Zeit, und der Jahrhunderte später von Goethe in der Einleitung zum Faust ausdrücklich Genannte. Der Name Nostradamus geistert noch heute durch zahllose Veröffentlichungen. Er wurde 1503 im nahen St. Rémy geboren, studierte in Avignon Rechtswissenschaften und in Montpellier Medizin, ließ sich 1530 in Salon-de-Provence als Arzt nieder, bekleidete hier eine Reihe von Ämtern und erlangte sowohl als Arzt als auch als Politiker einen beachtlichen Ruhm. Aus Montpellier hatte er sich astronomische Geräte mitgebracht und trat zeit seines Lebens mit sternkundlichen Publikationen in Fachkreisen hervor, die – der Mode der Zeit folgend – auch astrologische Weissagungen enthielten. Letztere hat er in seinem Buch „Centuries" zusammengefaßt, einem Werk, das noch heute in astrologischen Kreisen benutzt wird.

Mit einer dieser meist verschleiert ausgedrückten Voraussagungen erlangte er einen geradezu unheimlichen Ruhm. Er hatte nämlich dem französischen Herrscherhaus vorausgesagt, daß der König eines gewaltsamen Todes in Kürze sterben müßte und sprach davon, daß er durch ein goldenes Gitter hindurch in die Augen tödlich getroffen würde. Diese schriftlich festgehaltene Prophezeihung trat tatsächlich ein: Bei einem Turnier wurde König Heinrich II. im Hofe des Pariser Schlosses im Jahre 1559 durch das Gitter seines goldenen Visiers hindurch von der Lanze seines Gegners tödlich verletzt. Die Worte von Nostradamus waren v o r h e r publik geworden, das Turnier wurde ö f f e n t l i c h ausgetragen. Der tödliche Ausgang war deshalb für alle Welt geradezu eine Sensation und Nostradamus wurde von da ab erst recht unheimlich. Sein Ruf ist deshalb noch jetzt unter Astrologen bombenfest gesichert. In der Kirche St. Laurent in Salon-de-Provence ist er nach seinem Tode feierlich beigesetzt worden.

Unterlagen und recht interessante Hinweise sowohl auf Nostradamus als auch auf Craponne, die beiden berühmten Söhne dieser Stadt, erhält man sowohl im ehemaligen Wohnhaus von Nostradamus als auch im städtischen Museum über Craponne. Aus dem Schaffen dieses Ingenieurs werden Gerätschaften und Beschreibungen seiner Arbeit geboten.

Hier erfährt der Interessierte auch, daß Craponne die klassischen römischen Arbeitsmethoden mit Meßlatte und Wasserwaage übernommen hat, welche über sechzehnhundert Jahre vor ihm die römischen Wasserbauer in der Provence für ihre Wasserleitungen und Aquädukte anwendeten.

Wir werden noch bei den Ausführungen zur Geschichte der Stadt Arles erfahren, daß in dieser südfranzösischen Region der deutsche Einfluß nicht nur zeitweise oder an Einzelbeispielen auftritt, sondern sich auf längere Zeit manifestiert. Das in weiten Teilen der heutigen Provenve im Mittelalter blühende „Großburgundische Königreich" hat nämlich zweihundert Jahre lang existiert und sein Name ist während dieser Zeit allmählich in Anlehnung an seine Hauptstadt zu „Arelat" abgekürzt worden. In Salon-de-Provence werden wir wieder mit einem vergleichbaren Vorgang konfrontiert. Hier steht nämlich mitten in der Stadt auf einem Hügel – in der tischflachen Crau ist ja bereits eine Erhebung von nur wenigen Metern eine bemerkenswerter Hügel – das Chateau-de-l'Emperi, dessen Name an die lange Zeit erinnert, da Salon-de-Provence an die d e u t s c h e Krone angebunden war. Heute ist in diesem wuchtigen Gebäudekomplex ein militärhistorisches Museum untergebracht, eines der größten in Frankreich, in dem natürlich die Napoleonische Epoche die weitaus größte Abteilung einnimmt. Das ist nicht nur hier, sondern in den weitaus meisten französischen Sammlungen festzustellen. Uns braucht jedoch nur ein kleiner Teil dieser Militärhistorie zu interessieren, das Mittelalter. Da wird erklärt, daß die Stadt und ihr Umland im Jahre 1033 dem Bischof von Arles entzogen und der Deutschen Krone angeschlossen wurde. Von da ab war die Stadt „reichsunmittelbar", ein Ausdruck, der uns von vielen deutschen Reichsstädten aus dem Mittelalter und danach ebenfalls bekannt ist. Noch im Jahre 1365 bestätigte Karl IV. erneut in einem kaiserlichen Edikt die Zugehörigkeit von Salon-de-Provence zur Deutschen Krone, was allerdings die ohnehin laufende Entwicklung nicht mehr aufhielt. Ein Jahr später ging die Reichsunmittelbarkeit dann verloren, die selbstängige Grafschaft Provence entstand, die ihrerseits ein Vasall des Deutschen Reichs wurde. Uns gibt das jetzt eine Merkzahl: Salon-de-Provence war genau 333 Jahre lang eine deutsche freie Reichsstadt, genauso wie Nürnberg, Dinkelsbühl oder Frankfurt am Main.

In der Umgebung von Salon-de-Provence zählt die römische Tempelruine beim Weingut Chateau-Bas zu den unvergeßlichen Eindrücken. Dieser Tempel erinnert an die Maison Carrée von Nimes und vermittelt trotz seines zerfallenen Zustands einen tiefen Eindruck, der insbesondere durch die Umgebung in der Natur hervorgehoben wird. Der kleine benachbarte Ort Vernègues, der sich vom provencalischen Wort Verno (für Erle) ableitet, deutet schon Feuchte und Wald an. Und tatsächlich stand der große römische Tempel hinter dem heutigen Weingut wohl ursprünglich in Beziehung zu einer geheiligten Quelle, deren sehr tiefes Bassin samt seinem unterirdischen Ablauf und seinen Marmorthermen heute von üppigster Vegetation überwuchert ist. Ein Widmungsfragment läßt das Bauwerk auf die Zeit ums Jahr Null datieren. Die römischen Reste stehen heute mit denen der Tausend Jahre später angebauten christlichen Kapelle verbunden in einer wahrhaft panischen grünen Einsamkeit hinter dem Park der heutigen Gebäude. Weglos durch hohes Gras und wildwuchernde Kräuter streifend, betritt man einen Hain aus jahrhunderte alten Eichen und vor allem Kastanien, die im Mai über und über mit zahllosen weißen Blütenkegeln besteckt ihre riesigen Äste bis auf die Erde neigen.

Ebenso kann man in dieser Region das Chateau-de-la-Barben als eine bemerkenswerte Ausnahme in der sonnenheißen und schattenlosen Wüste der Crau empfinden. Der ausgedehnte Park gilt für die Einwohner der nicht so fernen Großstädte, voran natürlich Marseille und der riesige Wohnkomplex beim Industrierevier von Fos-sur-Mer, als Erholungsgebiet und sonntägliches Ausflugsziel. Er lädt mit seiner Überfülle der hier so mediterran in voller Pracht gedeihenden Bäume geradezu ein zu geruhsamen Spaziergängen. Im Vergleich zur praktisch baumlosen Crau ist er effektiv ein Kontrapunkt.

Genau südlich von Salon, ebenfalls nur auf kleinen Straßen erreichbar, begegnet einem am Ortsrand von St. Chamas eine der in der Provence mehrfach zu findenden Römerbrücken, diesmal über den Touloubre. Am anderen Ufer des Etang-de-Berre, an der D 5 zwischen Istres und Martigues sind die Ruinen einer kelto-griechischen Siedlung zu finden, des Oppidums St. Blaise. Wer schon die Ruinen von Entremont bei Aix-en-Pro-vence und das keltische Nages bei Nimes besucht hat, sollte dieses St. Blaise einmal ansehen. Aus neuesten Untersuchungen sind nämlich die Forscher heute der Überzeugung, daß man es hier mit einer älteren Gründung, einer griechischen Festung zu tun hat. Es ist das langgesuchte, in der griechischen Geschichtsschreibung oft erwähnte Mastramela. Die Mauerreste sind als exakte griechische Kon-struktion zu erkennen, wie sie die Kelten nicht so bauen konnten.

Von Mastramela aus läßt sich die Industrielandschaft um den Etang-de-Berre und dem Golf von Fos nun wirklich nicht mehr übersehen. Zwar schimmern die ausgedehnten Meersalzfelder von Salin-de-Giraud und Fort-St. Louis im Westen und von

Berre am Ostufer des großen Binnensees noch als natürliche Kristallflächen herüber. Aber dominierend sind die hypermodernen und riesigen Industriezentren dieser Région Fos und ebenso auffallend empfindet man die ausgedehnten Massensiedlungen in den Hochhäusern von Istres bis Marignane. Das war mal das Meeresufer der Crau. Jetzt ist das zerstörte Natur und neuzeitige Industrie. Wir können sie nicht wegreden, wir wollen das auch gar nicht. Aber wer die Reise angetreten hat, die Schönheit der einsamen Crau zu besuchen, für den gehört dieser Landstrich eben nicht mehr dazu.

Arles, das historische Zentrum

Arles, das zu dem Dutzend mythisch stärksten, geistig dichtesten Orten des Abendlandes gehört und in der Antike einst nach Rom die zweite Haupstadt des Imperium Romanum war, hatte auch für den westlichen Teil Deutschlands vor rund zweitausend Jahren die Funktion einer Hauptstadt. Das klingt zwar recht großartig und für manchen Leser sicher überraschend. Es ist aber nüchterne Tatsache, die noch dazu eine Situation beschreibt, welche über mehrere Jahrhunderte anhielt. Arles lebt heute deshalb in seiner großen und langen Geschichte. Wer jetzt die Stadt besucht, muß deshalb in die stolze Vergangenheit dieses einstigen Zentrums von Europa eintauchen. Wir reisen ja heute nicht nur in die Ferne des Raumes, sondern auch – viel gehaltvoller und den Geist anregend – in die Ferne der Zeit. Und diese Welt hat durchaus nicht so viel verschiedenartige Länder zu zeigen wie die vergangene Zeit uns interessante Abschnitte und Epochen bieten kann.

Die heutige Mittelstadt Arles ist für den Camargue-Besucher auch jetzt noch das Zentrum schlechthin, obwohl es nicht einmal inmitten sondern nur am nördlichen Rande der großen Fläche liegt. In Arles ist nicht alles, aber fast alles, Geschichte. Selbst das modernste und bei Kennern weltweit bekannte Hotel trägt hier den Namen Julius Cäsar – und ist eigentlich ein Kloster aus dem Mttelalter gewesen. Und wer partout sich etwas moderner in den Straßen fühlen will, bleibt bestenfalls bei van Gogh hängen, der hier absolut dominierend und auch schon über hundert Jahre tot ist. Arles kann nur derjenige Besucher wirklich verstehen und aufnehmen, der bereit ist, sich in die verschiedenen Geschichtsepochen, mindestens in die über zweitausend Jahre alte Römerzeit mit ihrer Arena, dem Théatre Antique und den Alyscamps zurückzuversetzen. Er müßte sich ferner in die christliche, „nur" tausend Jahre alte Epoche der prächtigen Kathedrale und des noch prächtigeren Kreuzganges von St. Trophime einfühlen. Daß darüber hinaus dieses geistige und kulturelle Zentrum dem Gast weit über eine Woche lang erschöpfend mit seinen Kunstschätzen und der Hinterlassenschaft nun wirklich aus allen Epochen unserer europäischen Entwicklung zu beschäftigen vermag, sei in unserem Zusammenhang mit der Camargue nur noch der Vollständigkeit halber erwähnt.

Nachden in unserer Zeit die Stadt auch noch die riesige Camargue in ihre Verwaltungshoheit übernommen hat, können die Einwohner sich nun rühmen, die größte Gemeinde Frankreichs zu sein, ausgedehnter als Paris. Auf dem Mittwochs- und Sonntagsmarkt an der alten Stadtmauer bekommen das manchmal Pariser Touristen als „Aufklärung" mit einem mokanten Lächeln voller Stolz gerne geboten

Schon Cäsar hat um 59 v. C. der Stadt Arles einen herausgehobenen Platz im ganzen Römischen Weltreich eingeräumt. Noch bevor in Rom Amphitheater und Arenen gebaut waren, standen sie hier – und das in einer Größe, die später in Rom nicht mehr überschritten wurde. An der Rhone, am Stadtrand von Arles, richteten die alten Römer umfangreiche Werften ein, ließen darin eine ganze Flotte von Kriegsschiffen bauen, legten für sie einen breiten Kanal durch die Camargue zum Mittelmeer und machten damit Arles zu einem Seehafen. Seit dieser Zeit, also lange vor der Zeitenwende, konnten Handelsschiffe aus den Mittelmeerländern, die ja alle römische Kolonien waren, ihre Waren ins Land bringen. Kaiser Honorius hat in einem Erlaß deshalb Arles auch als internationale Handelsstadt herausgestellt: „Die günstige Lage der Stadt Arles macht diese zu einem Platz, dessen Handel und Wandel so blühend ist, daß es keine andere Stadt gibt, in der man Waren aller Gegenden der Erde leichter kaufen, verkaufen oder tauschen könnte als in dieser. Man findet dort die Schätze des Orients, die Wohlgerüche Arabiens, die Köstlichkeiten Assyriens, die Speisen Afrikas, die edlen Tiere Spaniens und die Waffen Galliens. Schließlich ist Arles der Ort, der als Treffpunkt aller Nationen dient."

Wer heute im Sommer nach Arles kommt und den Touristenstrom sieht, wird das Wort von diesem Kaiser bestätigen müssen: Ein Treffpunkt aller Nationen.

Diese Sonderstellung von Arles wurde im Römischen Imperium sogar noch weiter angehoben. Nicht nur die längst erreichte wirtschaftliche Bedeutung, nicht die seit Jahrhunderten bestehende militärische Zentralstellung waren mehr ausreichend. Selbst die Hauptstadtfunktion wurde in der spätrömischen Zeit auf Arles übertragen. Die Stadt neben der Camargue wurde ausdrücklich zum Verwaltungssitz für ganz Frankreich, England und Spanien erklärt. Der Einflußbereich erstreckte sich dann nicht nur bis zur Ostgrenze des ursprünglichen Gallien, das heißt bis zum Rhein, wobei Trier, Köln, Mainz und Straßburg bereits eingeschlossen waren. In dieser Blütezeit herrschte Arles auch jenseits dieser Flußgrenze über die neuerworbenen „Ost"-Gebiete, deren Zentren wir heute Frankfurt, Regensburg und Augsburg nennen. Nur der heutzutage gängige Ausdruck „Vereintes Europa" wurde noch nicht benutzt.

Das heutige Arles lebt sogar aus seinen z w e i Vergangenheiten: Aus der Antike und dem tausend Jahre jüngerem christlichen Mittelalter. Der historische Bogen eines so geschichtsträchtigen Ortes dehnt sich

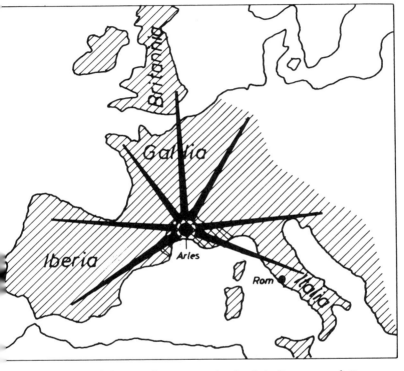

Arles während der Antike: Die zweite Stadt in Europa nach Rom

sogar noch viel weiter. Seit im Jahre 1975 umfangreiche Ausgrabungen begannen wissen wir jetzt, daß Arles nicht zwei- sondern dreitausend Jahre alt ist.

Auf dem Platz der Republik direkt vor dem Rathaus, steht wie in so vielen Städten ein Brunnen. Dieser hier wird von einem Obelisken gekrönt, der vor zweitausend Jahren aus Ägypten nach Arles gebracht wurde und seinerzeit im „Zirkus", der dritten klassischen Großanlage der Stadt, aufgestellt war. Ein Zirkus brachte damals keine Tierdressuren wie heute, auch keine akrobatischen Künste, sondern war ausschließlich für Wagenrennen bestimmt. Diese Rennen mit den bekannt schnellen Pferden der Camargue bedeuteten im alten Arles neben den Darbietungen in der Arena und dem halbrunden Theater eine besonders beliebte Massenveranstaltung, bei der Rennwetten abzuschließen waren. Einige Reste dieser Rennbahn und der Tribünen sind in Arles am Stadtrand zwar noch zu orten gewesen, der Obelisk ist jedoch der einzige zeigbare Rest vom Ganzen. Die Bahn war 366 m lang und 95 m breit, wobei der Obelisk als „Spina", als Wendemarke, gebraucht wurde. Bei damals 30.000 Einwohnern war also die Rennbahn hier wieder einmal in römischer Übergröße angelegt gewesen.

Zahlreich sind antike Plastiken aus Marmor und Stein in Arles gefunden worden. Es sind unvergleichliche Werke griechisch-römischer Bildhauerkunst darunter. Mehrere Museen in der Stadt haben sie gesammelt, Bildhauerarbeiten aus dem römischen Theater und mehrere prächtige Sarkophage aus den

Alyscamps sind dabei. Der atmende Torso einer mittelmeerischen Venus, das Relief einer römischen Viktoria, die schwermütig blickende Büste eines schönen griechischen Knaben – sie alle erzeugen beim Betrachter das Empfinden, in die schönheitstrunkene Antike versetzt zu sein.
Aber auch über die ganze Stadt verstreut treffen wir römische Mauerstücke, Säulen, Mosaiken und Skulpturen. Manchmal findet man sie an einer heutigen Hausmauer, wie zum Beispiel am Hotel du Forum in der Altstadt, wo eine besonders schön erhaltene Volute pfleglich in die Hauswand eingefügt wurde. Vor kurzem wurden beim Bau der Autobahn im Stadtgebiet sehr wertvolle Steinsarkophage mit auffallend reichem plastischen Schmuck und mehrere römische Statuen ausgegraben, die jetzt als „Neuerwerbung" im Musée Lapidaire zu sehen sind. Man sieht, die römische Epoche ist in Arles immer noch nicht zu Ende und die Sammlung römischer Schätze im Musée Lapidaire wird immer größer.

Im Laufe der Zeit sind in und um Arles griechisch-römische Kunstschätze aus Straßen, Plätzen, raffinierten Villen mit reichen Mosaiken und Skulpturen ausgegraben worden, aus denen hier die Antike wieder erstehen könnte. Zahlreiche ortsansässige Kunstwerkstätten haben sich über die Jahrhunderte seit der Römerzeit übers christliche Mittelalter hinweg erhalten, so daß sich an diesem Ort ein ununterbrochener Strom von Plastiken, Steinmetzarbeiten und Kunstbauten angesammelt hat. Seit Caesar 59 v. C. Arles zum Zentrum des Landes machte, stand die Stadt mehr als ein Jahrtausend stets im Mittelpunkt. Nicht ohne Grund wurde in der christlichen Frühzeit das erste große Konzil der christlichen Kirche 314 ausgerechnet in Arles abgehalten. Kaiser Konstantin baute hier seinen Palast, von dem heute noch die Thermen erhalten sind.

Im zehnten Jahrhundert wurde Arles zur Hauptstadt des „Großburgundischen Königreichs", also eines von den deutschen Burgundern bewohnten Staates. Der deutsche Kaiser Barbarossa legte 1178 ausdrücklich Wert darauf, in Arles, in der Kathedrale St. Trophime zum König der Provence gekrönt zu werden.

Daß die Antike in Arles stets präsent ist, daß sie nicht nur in der gigantischen Arena und dem römischen Theater zum Ausdruck kommt, daß sie durch die auffallend vielen Einzelstücke auf Straßen, Plätzen und an Häusern gegenwärtig ist, sieht der Gast bei jedem Besuch. Aber Arles lebt heute nicht allein aus seiner zweitausend Jahre alten römischen Vergangenheit, sondern sicherlich in gleichem Umfang und in ebensolcher Intensität auch aus dem „nur" eintausend Jahre zurückliegenden Höhepunkt des Christentums. Vielleicht fühlen sich manche Besucher in der großartigen Kathedrale von St. Trophime und im Kreuzgang sogar besonders angerührt. Beide – Kathedrale und Kreuzgang – vertreten eine Religiosität, die in unserer Zeit sicher nicht mehr nachvollziehbar ist. Sie ist inzwischen „Historie" geworden und kann deshalb unvoreingenommen und neutral als Spitzenleistung romanischer Kirchenbaukunst aufgenommen werden.

Aber wo steht eigentlich diese berühmte Kathedrale? Während die zahlreichen Römerbauten überall in der Stadt zu bemerken sind, die kolossale Arena und das antike Theater nicht übersehen werden können, ist von der großen Kirche und dem Kloster mitnichten etwas zu finden. Nur am Place de la République neben dem Obelisk steht das figurenreiche Portal, das in die Reihe der Büro- und Wohnhäuser unauffällig eingereiht ist. Mehr von St. Trophime ist für den Passanten nicht zu sehen. Kein aufstrebender Kirchenbau, kein auffallendes Kirchenfenster, auch kein hoher Turm sind vorhanden. Dennoch: Dieses einem römischen Triumphbogen nachempfundene Portal ist der Eingang zur christlichen Welt von St. Trophime. Und das ist nach dem Besuch der „Römerstadt Arles" eine durchaus andere Welt, die uns hinter diesem Portal erwartet. Dieser weltberühmte romanische Vorbau, der in den Place de la République hineinragt, war in den Jahrhunderten grau-braun geworden und alle Welt hatte sich an dieses Äußere gewöhnt. Nun haben in unserer Zeit die Autoabgase angefangen, den Sandstein chemisch anzufressen, so daß eine wirkungsvolle Restaurierung erforderlich wurde. Seit fünf Jahren ist das Portal deshalb mit einer Kunststoffschicht überzogen und sieht jetzt hellgrau, fast weiß aus. Den Eindruck ehrwürdigen Alters macht es also nicht mehr. Schade!

St. Trophime, das mitten in der Stadt Arles liegt, dürfte der Höhepunkt dieses religiös geprägten Lebensstils sein, der während des Mittelalters mehrere Jahrhunderte lang nicht nur das Bild des Landes prägte, sondern effektiv zum Mittelpunkt einer ganzen Epoche wurde. Ums Jahr 1.000 begann in Südfrankreich – anschließend auch in Spanien – eine intensive Neuformung des christlichen Dogmas. Schon beim Niedergang des römischen Weltreichs hatte hier das Christentum neue Akzente gesetzt. Es war kein einmaliger Zufall, daß im Jahre 314 das erste große Konzil in Arles sattfand. In den folgenden Jahrhunderten, das ganze Mittelalter hindurch, betonten die Päpste immer wieder die zentrale Bedeutung von Arles und ließen insgesamt 17 Konzile hier abhalten. Es war also nur folgerichtig, daß schließlich im Jahre 1078 mit dem Prachtbau der Kathedrale hier begonnen und sie nach dem Heiligen Trophime benannt wurde. Arles war stets Sitz eines Bischofs, der nicht nur die geistige sondern auch die weltliche Macht ausübte. In dieser religiösen Hochburg mußte ja St. Trophime fast schon zwangsläufig zur schönsten Kirche der romanischen Epoche werden.

In der Nachfolge antiker Baukunst und unter Einbeziehung der mehrere Jahrhunderte einwirkenden islamischen Bauweise hatte sich rund ums Mittelmeer die Romanik herausgebildet, die gekennzeichnet ist durch einen relativ niedrigen und manchmal auch klobigen Hallenbau. Kirchen dieser Epoche lassen deshalb stets einen hochaufstrebenden und sogar schlanken Turm vermissen. Die Formensprache der Antike wurde dabei unmittelbar übernommen und die Einfügung mancher Einzelelemente aus arabischen Vorbildern, etwa ein spitzer Fensterbogen oder einige gedrechselte Säulen, verdrängen diesen Eindruck keineswegs. Die zweite Wurzel romanischen Kirchenstils liegt in der christlichen Religion. Bauten dieser Art präsentierten nämlich damals dem schreib- und leseunkundigen Kirchenvolk in Augenhöhe die vielen Geschichten der Bibel. Die figürlichen Darstellungen sollten „belehrend" wirken. Aus diesem Bestreben haben die Steinmetze jener Zeit den überreichen Figurenschmuck entwickelt, Portale, Wände und Säulen mit biblischen Geschichten und den Legenden von Heiligen bedeckt. Aus dieser belehrenden Absicht waren die Baumeister und Künstler daran interessiert, daß der Figurenschmuck in Augenhöhe und vor allem hell genug in einer solchen Kirche angebracht war.

Die im Hochmittelalter entwickelte Gotik, die von Nordfrankreich ihren Ausgang nahm und in einem Siegeszug sondergleichen die Kirchenbaukunst ganz Europas beeinflußte, so daß ganz selbstverständlich Kirchenbau und Gotik gleichgesetzt wurden, hat in der Provence keine Zustimmung gefunden. Die neuartige Bauweise mit ihrem Halbdunkel und dem filigranen Schnitzwerk, mit ihrem dem menschlichen Auge entrückten aufstrebenden Höhen, setzte eine Verinnerlichung, ja geradezu eine Mystifizierung des Glaubens voraus. In der sonnendurchfluteten Helle der Provence machte das mystische Halbdunkel gar keinen Eindruck. Die Gläubigen blieben von der Gotik völlig ungerührt. Es entstanden zwar einige wenige Ansätze, sozusagen zaghafte Versuche für gotische Kirchen. Aber die Arbeit an ihnen schlief noch jedesmal wieder ein und wurde bald verwässert und geändert. Erst in der Spätgotik, als ganz Europa schon mit gotischen Gotteshäusern angefüllt war, wurden da oder dort einzelne gotische Teile, ein Chorgestühl oder ein Altar, in der Provence fast widerwillig hingestellt. Das Land hat deshalb heute nicht einen einzigen kompletten gotischen Dom. So kommt es, daß man bei den halbherzigen gelegentlich auftauchenden gotischen Fragmenten von „schlecht übersetzter" nordfranzösischer Gotik spricht. Die Provence ist bis heute im Kirchenbau das Land der Romanik geblieben.

Übrigens müssen nicht allein die gotischen Formen daran schuld gewesen sein, daß die provencalischen Kirchenoberen den aus Nordfrankreich kommenden Stil ablehnten. Sie standen in ganz Europa mit diesem Verhalten völlig allein, denn in den verschiedenen Kunstprovinzen von England bis Spanien, von Portugal bis Polen, hatte der ganze Erdteil im zwölften Jahrhundert ein gotisches Gesicht bekommen. Die moderne Weise der Architektur, der Malerei, Plastik und Goldschmiedekunst war damals in kurzer Zeit eindeutig gotisch geprägt worden. Nur die Provence blieb wie eine Insel alter romanischer Bauweise im europäischen Meer der Gotik-Begeisterung allein übrig.

Die Erklärung für diese kunsthistorische Anomalie ist überraschend simpel. Es lag nämlich nur am Namen! Die himmelwärts strebenden modernen Dome wurden zu ihrer Zeit nämlich gar nicht gotisch genannt. Dieser Name kam erst dreihundert Jahre später auf. Ursprünglich erhielt die aus Nordfrankreich, genauer gesagt aus Paris, stammende Kunst den durchaus passenden Namen „style francais". Man sprach also von „französischen" Kathedralen. Und genau diese Bezeichnung war für jeden

Provencalen damals unüberwindlich. Die Ablehnung, ja geradezu die Feindschaft gegenüber der französischen Lebensweise war bei den Provencalen so ausgeprägt, daß sie auf keinen Fall einen „französischen" Dom in ihrem Lande dulden wollten.

Schließlich war der nördliche Teil Frankreichs damals für die Provencalen „feindliches Ausland" und galt keineswegs als ebenbürtig. Diese Art „nachbarlicher" Gefühle hat sich sogar über Jahrhunderte hinweg erhalten. Selbst der heutige Besucher kann das an einzelnen Bemerkungen und Hinweisen noch jetzt spüren.

Das Prunkportal von St. Trophime in Arles ist als selbständiger Baukörper vor die eigentliche Kathedrale gestellt und knüpft offenbar mit dieser Anordnung an die Triumphbögen der Antike an. Bis auf die kleinste seiner Wandflächen ist es mit biblischen Figuren aus dem Leben Jesu, vor allem seinen Jüngern und Aposteln bedeckt. Jeder der Figuren ist „ihr" biblisches Zeichen beigegeben, damit man sie erkennen kann. Schon hier auf den ersten Stufen zur Kirche wurde also der fromme Besucher auf die Feierlichkeit dieses Gottespalastes eingestimmt. Am Kopf des Portals thront Jesus als alles Behütender und Segnender. Daß sich hier die romanische Kunst phantasievoll und vor allem figurenreich darstellt, daß sie eine an Poesie unübertreffliche Periode der abendländischen Kultur ist, erfährt der Besucher auch im Innern der Kirche. Die Ornamentik feiert dort geradezu Triumphe. Löwe und Schlange, Sirene und Engel, Waage und Schwert, Schlüssel und Schrift sind oft wiederkehrende Motive der Bildhauer gewesen und müssen ebenso oft Anlaß für die Predigten des Priesters gewesen sein. Er brauchte ja nur die ganzen biblischen Geschichten, welche die Steinmetze in Stein dargestellt hatten, in Worte zu übersetzen.

Wer St. Trophime sagt, meint meistens vorrangig den Kreuzgang, vielleicht nicht einmal so sehr die Kathedrale selbst. Er liegt neben dem Kirchenschiff und gilt unter ähnlichen Anlagen in den vielen Kathedralen und Klöstern des Landes als der Schönste. Seine Sonderstellung ergibt sich nicht nur aus der vollkommenen Harmonie der Proportionen und der Wirkung zarter Arkarden zwischen den reich ausgestatteten Pfeilern. Es sind auch die Säulen selbst, die in rythmischer Gliederung ausgewogen angeordnet und mit reichem Dekor geformt wurden. Keine gleicht der anderen, jedes Kapitell ist eine eigene Heiligenlegende oder ein Apostelwort in Stein. Diese Kreuzgangsäulen stellen in ihrem Skulpturenschmuck und der Ausformung jeweils ein eigenes religiöses Thema dar und müssen als architektonische und bildhauerische Sonderleistung bewertet werden. Ein französischer Künstler nennt den Kreuzgang „ein wunderbares Kunstwerk, luftig und fast unfaßbar, in den Klängen der Orgel und beim Dufte des Weihrauchs gebaut". Der deutsche Dichter Hartmann der im vorigen Jahrhundert den Kreuzgang oft besuchte und intensiv architektonisch untersuchte, meint, „daß die vier Galerien, obwohl verschieden, doch zusammenpassen wie die verschiedenen Stimmen, mit denen ein Sebastian Bach einen Cantus Firmus umgibt. Wären die alten Meister des Kontrapunkts Architekten gewesen, sie hätten so gebaut".

Je länger man den Kreuzgang kennt, um so deutlicher wird denn auch dem modernen Besucher, daß sich die herrliche und unschätzbare Gelegenheit noch heute bietet, sich in Stille und Harmonie zu vertiefen.

Von van Gogh hatten wir schon gesagt, daß er in Arles überall anzuteffen ist. Kein Kiosk, kein Laden, kein Bistro und kein Hotel kommen ohne ihn aus. Nicht nur meherer Bilder aus Arles, auch die flache Landschaft der Camargue, Fischerkähne vom Strand bei Grau-du-Roi, den klobigen Kirchenkoloss von Stes. Maries-de-la-Mer hat er gemalt. In seinem einzigen Jahr 1888/89 als er in Arles lebte, entstanden rund 200 Bilder und noch mehr Zeichnungen. Hier wurde er zum „Maler der Provence", obwohl er richtiger heißen müßte „Maler der Camargue". Er hat nämlich nur das Land um Arles in seinem Leben gesehen, besonders die Camargue und die Crau. Aber seine Augen fingen jene Bilder und Farben ein, die dann alle Welt als typischen Gesamtausdruck der großen Provence empfinden sollte. Zum „Maler des Lichts" war er dabei aufgestiegen, wie Kunstkenner und Verehrer in aller Welt ihn später nannten. Später, denn es ist nicht vergessen, daß dieser unglückliche Maler zeit seines Lebens nicht einen einzigen Interessenten für seine Schöpfungen finden konnte. Erst mehr als zehn Jahre nach seinem Tode begann die Kunstwelt zu begreifen, welches Genie in Arles gewirkt hatte, nach dem dann eine ganze Kunstepoche genannt wurde. Heute, über hundert Jahre nach seinem Tode, werden seine Blumenbilder, die Sonnenblumen, die Irisblüten, als die teuersten Gemälde der Welt bewertet. Ein einziges davon wechselte 1989 für hundert Millionen D-Mark den Besitzer.

Eines seiner bekanntesten Sujets steht in Arles: Die Brücke von Langlois, die manchmal die Brücke von Arles und dann nur noch Pont van Gogh genannt wird. Das Original stand seinerzeit an anderer Stelle in der Stadt. Nach dem der Bach Langlois zugeschüttet und überbaut wurde, verschwand auch die Brücke. Unter dem Druck der kunstverständigen Öffentlickeit mußte jedoch am Anfang unseres Jahrhunderts der Magistrat etwas außerhalb am südlichen Stadtrand ein völlig nutzloses Stück Kanal eigens anlegen und die Brücke nach dem Gemälde genau kopieren lassen. Jetzt stehen an diesem Nachbau aus dunklem klobigen Holz jährlich viele hunderttausende Besucher, auffallend dabei die Japaner, und vergleichen die Wirklichkeit mit dem Postkartenbild. Jedermann weiß, daß hier eine Kopie vorgeführt wird. Dennoch, es ist bemerkenswert, kommen die Touristen, um sich vom Flair dieses Bildes gefangennehmen zu lassen. van Gogh ist hier immer noch gegenwärtig. Sowohl neben der Brücke als auch in den Läden der Stadt sind Bilddrucke und Bücher über den Maler ganz offensichtlich ein gutes Geschäft. Ein Bild von Vincent van Gogh, ein Buch über ihn, ja schon die Nennung seines Namens bedeuten in aller Welt: Provence, Camargue, Arles.

Auch die merkwürdige Landschaft der Crau gehörte schon 1888 zu seinen Sujets. Erst hundert Jahre nach ihm haben wir Heutigen diese Ebene entdeckt, über die der Maler des Lichts schon im Sommer seines Camargue-Jahres in einem Brief schreibt: „...denn es geht darum, der Sonne und dem blauen Himmel ihre Gewalt und ihre Leuchtkraft zu geben und dem ausgedörrten, schwermütigen Gelände seinen feinen Thymianduft".

La Grande-Motte, die „Sommerstadt"

Die Traumstadt wurde in wenigen Jahren um 1968 aus dem Nichts, aus Wasser, Luft und Helle erschaffen. Kommt man von Stes. Maries her, das seine Marien mit der schwarzen Sarah in der Antike ansiedelt, oder von Aigues Mortes mit seinen Kreuzrittern aus dem Mittelalter, kommt man also gerade aus längst vergangenen Jahrhunderten, dann muß der kurze Schritt zur Meeresküste, nach La Grande-Motte, fast wie ein Schock wirken. An diesem äußersten letzten Punkt der Camargue, strittig ob er noch zur Provence oder schon zur Languedoc gehört, an diesem Platz stimmt alles nicht mehr, was man gemeinhin von der geschichtsträchtigen Provence weiß. Hier sind wir ganz aktuell im zwanzigsten, eigentlich schon im einundzwanzigsten Jahrhundert mitten drin. La Grande-Motte ist erst zu unserer Zeit aus dem absoluten Nichts, aus mückenverseuchten Lagunen, aus Sand und Schilf wie eine Fata Morgana aufgestiegen. Als sein Name in den sechziger Jahren erstmalig in Europa auftauchte war er eine Sensation.

Damals hatte Italien an seinen Küsten bereits lange Feriensiedlungen gebaut und erfahren, wie freiwillig die Europäer aus dem Norden ihr Geld mitbrachten. Spanien begann daraus für seine warmen Strände ebenfalls Vorteile zu ziehen und verbaute mit Massenquartieren das Land. In Südfrankreich lagen weite Flächen mit hervorragend feinem Sand jedoch noch völlig nutzlos herum. Finanziers, Architekten und Städtebauer in Paris und Frankfurt sahen darin ihre Chance, wußten allerdings auch, daß ein ungezügelter Badetourismus auf keinen Fall erstrebenswert sein konnte. Es sollten vor allem keine Bettenburgen aufgebaut werden.

So entstand die Retortenstadt La Grande-Motte als eine Einmaligkeit ganz besonderer Art, locker und weit mit viel Blumen und Grünanlagen, mit Plätzen, Brunnen und modernen Kunstwerken ausgestattet. Man konstruierte eine „Sommerstadt", wobei dieser Begriff auch erst geschaffen werden mußte. Hier hat eine Gruppe internationaler Künstler unter Verzicht auf alle überkommenen Formen zeigen können, wie der Mensch bei hohem Komfort und zeitgemäßer Zivilisation in einer Stadt der Zukunft in diesem Klima leben soll. Unter den verschiedenen Bauformen fallen die großen Pyramidenhäuser besonders auf. Sie haben die Bezeichnung „Stadt der Pyramiden" entstehen lassen. Für genormte deutsche Bauvorschriften passen sie allerdings nicht. In den deutschen Bauämtern würden sie reihenweise Herzinfarkte auslösen. Solche revolutionären Konstruktionen sind selbst in Einzelfällen hierzulande nicht erlaubt.

Die neuen Einwohner entdeckten hier sogar jenen „Rohstoff", aus dem eigentlich alle alten Städte dieser Welt leben. In diesem Lande hat man nämlich sowohl Kultur als auch Geschichte geradezu im Überfluß – wir erinnern uns dabei an die tausend und mehr Jahre alte Nachbarschaft bis hin nach Arles – und man unterscheidet sich gerade damit von den Neugründungen an den Mittelmeerküsten anderswo. Hinter den Stränden der Camargue liegt schließlich die über dreitausend Jahre alte Provence.

Offensichtlich sind die neuen Ideen von den Menschen auch angenommen worden. Im Unterschied zu den Stränden in den übrigen mittelmeerischen Gebieten fehlt die Überflutung mit Leuten aus anderen Ländern. Es sind fast ausschließlich Franzosen, die hier ihre Eigentumswohnungen gekauft haben. Etwa hunderttausend leben in dieser Traumstadt – allerdings nur im Sommer. Im Winter bleiben bloß sechstausend für den Service übrig, die vielen Zweitwohnungen stehen dann leer und die Lokale, Geschäfte und Veranstaltungssäle sind geschlossen. Hotels gibt es auffallend wenige, ihr Bettenangebot entspricht nur einer Kleinstadt. Daß es sich bei La Grande-Motte um eine Sommerstadt handelt, wird auch im „Port-de-Plaisance" deutlich. Die auffallend zahlreichen Yachten, denen häufig der Luxus aus den Luken quillt, sind da ziemlich aufschlußreich.

In La Grande-Motte, der Sommerstadt, stößt die schon drei Jahrtausende alte Provence nun ins vierte Jahrtausend hinein.

Nur kurz ist der Weg von der hypermodernen Sommerstadt zum alten Fischerdorf Le-Grau-du-Roi. Der malerische Ort mit seinen kleinen Dorfwirtshäusern, in denen die vorzüglichen Spezialitäten aus fangfrischen Meerestieren angeboten werden, ist in den letzten Jahren von Sommer- und Badegästen überlaufen worden. Zwar ist die Neuzeit hier nicht so penetrant eingefallen wie in Stes. Maries-de-la-Mer und die ausgesprochen guten Küchen sind allemal noch einen Besuch wert. Aber man muß halt in den Restaurants und am Strand jene Entwicklung hinnehmen, die aus großer Entfernung stammt.

Von Le-Grau-du-Roi aus kann der Besucher die Salinen mit ihren flachen Wasserbecken, mit den weiß schimmernden Salzfeldern und selbstverständlich mit den riesigen aufgeschütteten Salzbergen sehen. Wir bekommen das zum Leben unentbehrliche Kochsalz bei uns zu Hause wie ein Erz aus unterirdischen Gruben. Die Gewinnung aus dem Meer jedoch ist so alt wie die Menschheit, aber keineswegs veraltet. Die Beschaffung des Salzes aus dem Meer bleibt deshalb immer noch von Interesse.

Zum Schluß: Ein großer Wein

Wenn wir schon bis übers Ostende der Crau hinaussahen, wird auch im Westen zum Nachbarn ein Blick zu riskieren sein. Allerdings sind es auf dieser Seite keine modernen Industriebauten. Es ist vielmehr eine Adresse aus einer anderen Welt, die aber dem Süden Frankreichs angemessener ist. Es handelt sich um das Schloß Tour-de-Farges in der Nähe des Städtchens Lunel, das leicht von Aigues Mortes erreicht werden kann. Es ist das Zentrum eines seit Jahrhunderten berühmten Weines. Was in den Kellern dieses Schloßes erzeugt wurde und heute immer noch gekeltert wird, ist einige Beachtung wert. Sein Wein, der „Muscat Fruité", reißt nicht nur heute jeden Weinkenner in aller Welt vom Stuhl. Er hat bereits vor Generationen historischen Ruhm erlangt. Um 1600 wurde nämlich von den hiesigen Kellermeistern die unterbrochene Gärung in den Holzfässern erfunden, die Muscatellertraube also nicht vollständig ausgegoren, sondern der Rest natürlichen Traubenzuckers im Wein erhalten. Er gibt dann einen unnachahmlichen Geschmack nach frischen Trauben. Dieser Geschmack und das Bukett machen offensichtlich seine Beliebtheit aus.

Ludwig XIV., der Sonnenkönig aus Paris, war zu seiner Zeit der erste Kunde. Hundert Jahre später war der Wein im Schloß Sanssouci bei Berlin durch Friedrich II, den Alten Fritz, bereits eingeführt und die Bezugsquelle bei Lunel war bis zum Untergang des Deutschen Kaiserreichs im Jahre 1918 von den Preussenkönigen nie aufgegeben worden. Ebenso haben sich seit dieser Zeit die Königshöfe von Dresden, London und Madrid als bevorzugte Abnehmer an dieser Kostbarkeit erfreut. Von London und Madrid wird noch jetzt jedes Jahr ein „Verkoster" ins Schloß Tour-de-Farges geschickt und der Muscat Fruité trägt noch heute seinen angestammten Namen „Wein der Könige".

Die hellblaue Reihe

Natur und Geschichte im Hinterland der Provence

Bücher für Wanderer, Radler und auch Autofahrer

Bücher für die Erkundung von Landschaften

Bücher für den Blick hinter die Fassaden

L. Lorenz	**Grasse, die Welthauptstadt des Parfüms** Blumenbauern und Luxusindustrie ISBN 3-931685-36-5
R. Hergu	**Heiliges Lotterleben** Die Päpste in Avignon ISBN 3-931685-38-1

V. Heinemann	**Marseille, der Hafen und seine Suppe** Erlebnisse in und um die Königin des Mittelmeeres ISBN 3-931685-35-7
W. Kaufmann	**Ein König, der keiner war** Der „Gute König René" in Aix-en-Provence und in Tarascon ISBN 3-931685-41-1
H. G. Scholz	**Fluch und Segen** Wasser in der Provence, die Freizeitseen ISBN 3-931685-55-1

Die Reihe wird fortgesetzt:

B. Löwe	**Panoramastrassen der Provence** Route des Grandes Alpes. Route des Crêtes. Route Napoleon. Corniches sur Mer.
J. Reiber	**Das Tricastin, eine „Modell-Provence"** Die grosse Provence auf kleinem Raum
H. Wirsing	**Der Liebeshof von Les Baux** Troubadoure in den weissen Felsen der Alpillen

19.80.4/92